子どもたちの幸せな未来ブックス第5期⑥

お母さんの悩みをスッキリ解決

子育て 幼児教育 50のQ&A

ほんの木【編】

ほんの木

はじめに

ほんの木は2002年より毎年6冊ずつ、隔月刊で単行本、「子どもたちの幸せな未来シリーズ」を刊行してきました。本書はこの間、読者のみなさまから寄せられた質問の中から、上手な子育てのために、「これだけは是非知って欲しい」というテーマだけをまとめたものです。

いま、子育て、幼児教育は非常に難しい時代になっています。食の安全や安心、安全に遊べる環境、病気やけがの心配など日常的な生活に関わることもあれば、しつけにしても新米のお母さんたちの子育てをゆったりした目でみつめる状況が減り、どちらかというと厳しい視線を送られるようになってきています。さらに、3歳4歳でも将来の受験なども見据えながら、幼児教育や早期教育のことを考える方もいらっしゃるかもしれません。子育てをするお母さんたちのプレッシャーやストレスは相当大きいのではないかと思われます。

そうした中で育児をなさっているお母さんやお父さんは、ともすれば、テレビや雑誌などで主流になっている、派手でお金のかかる育児や子育てに影響されているようです。本来であれば、しなくてもよいようなことまでもしなければならないと思い、悩み、難しい育児をさらに難しくしていはしないかと、私たちは心配しています。

子育ては、本当はおそらくそれほど難しくはないのだろうと思います。何千年、何万年も私た

はじめに

ち人類は子どもを育ててきたのですし、いまもたくさんの良い子が育っているのですから。
ほんの木のこのシリーズでは、そうした長い間、親たちの先輩が行なってきた育児に学びながらも、現代にフィットし、できるだけシンプルな育児についてお知らせしてきたつもりです。
今期5期の最後にあたる本書でも、そうしたこれまでの取り組みのエッセンスを込めて、どうしても最後にお伝えしたい内容を編集しました。

質問の回答者には、これまで本シリーズで御世話になった諸先生方に御協力をいただきました。あらためて、岩附勝さん、内海裕美さん、内田良子さん、大村祐子さん、片岡直樹さん、神《こう》山《やま》潤さん、汐見稔幸《としゆき》さん、藤村亜紀さん、幕内秀夫さん、真弓定夫さん、山下直樹さんに感謝を申し上げます。

また、本書は本年9月に発行した、ほんの木刊「小学生版　のびのび子育て・教育Q&A」の幼児教育版にあたります。「小学生版」同様、表紙と本文のイラストと章扉の元気な四コマ漫画を描いていただいた藤村亜紀さん、２００５年から本シリーズの装幀を一手に引き受けて、素敵なデザインをして下さった渡辺美知子さんに心より感謝いたします。そして、毎年、毎号お読みいただいた読者のお一人おひとりにも心より御礼申しあげます。

２００７年10月

ほんの木編集部

CONTENTS

第4章 食生活と病気への心構え……103

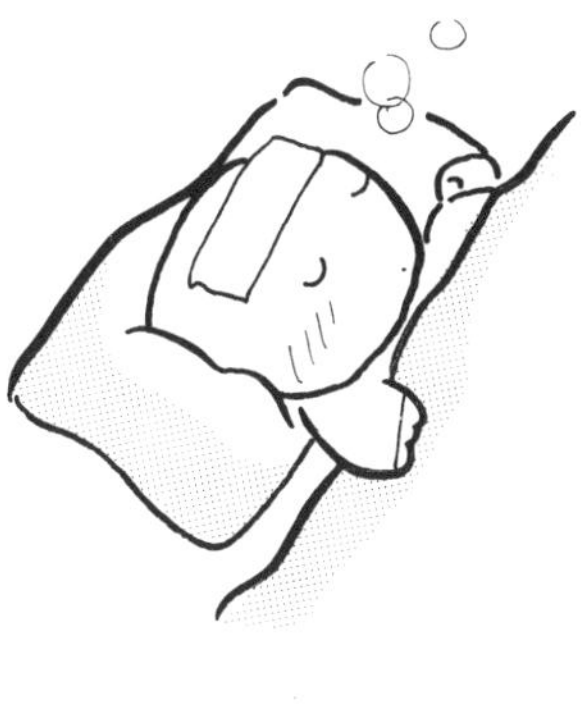

装幀・デザイン　渡辺美知子
イラスト&マンガ(カバー&各章扉&本文)　藤村亜紀
イラスト(カバー背のマーク)　はせくらみゆき

第1章
子どもの成長をどう捉えるか

アイ キャント ストップ

成長とはわかっていても
こう反抗ばかりだと
着ぐるみ
つい叱り続けてしまう
ダメな母親…
こんなに泣いてるん
だから 叱るのは
もうやめなくちゃ…
うわ～ん
マ… ママ…
ひっく
ひっく
なにさっ!?
きりっ
今日のところは
これくらいで
かんべん
してくらはい
ずる

Q1
子どもの成長をどう捉えるか
添い寝がいいの、一人で寝かせる方がいいの？

欧米では子どもの自立心を育てるために、子どもは小さいときから一人で寝られるように育てるそうですね。その話を友人にしたら、日本では昔から添い寝をするのが習慣だから、それでいいんじゃないかと言われました。どちらがいいのでしょうか。また何歳くらいになったら一人で寝かせていいのでしょう？

A
考え方がちょっと違うだけで、どちらでも大丈夫です
回答　汐見稔幸《としゆき》さん

小さな子どもの場合、日本人の考え方とヨーロッパ人の考え方にかなり違いがありますが、日本の育て方をしたら子どもがおかしくなるとか、ヨーロッパの育て方をしたらおかしくなるとか、そういうことは特にないと思います。結論から言うと、どちらかでないと

いけない、ということはありません。

例えば、赤ちゃんが寝るときに、ぐずって泣きます。なぜ泣くかと言いますと、眠くなるという感覚が、赤ちゃんにはよくわからないからです。きっと不快な感じになるんですね。頭がボヤァっとしてきたり、気分が重くなってしまったり、いい体験をしたいのにそれができなくなってしまうとか、あまりポジティブな状態ではないわけです。

そこで「何、これーやだー、やだー」と言って、たぶん泣いているのだと思います。

もう一つは動物学的に分析すると、「眠る」という行為は無防備の状態に入るということです。言ってみれば非常に危機状態に入いるわけです。

長い進化の歴史の中で、眠りはできるだけ誰にもわからないように、密《ひそ》かに眠って、ぱっといつでも起きられるようにしなければなりませんでした。眠りの世界に入ることは生理的には必要ですが、心理的には不安なことかもしれません。

その不安さというものを克服しなければいけない、それが幼い頃の課題だとヨーロッパ人には考える人が多いのです。

ですからヨーロッパの場合は不安な状態をきちんと自分で克服できる体験をさせなければいけない。寝るときは一人でがんばって寝て、一人で起きてくるということを小さいときに体験させ、自信を育てていく、ということでできるだけ一人で寝かせていく方がいいと考えるわけです。自立の練習であるということです。

ところが日本にはそういう発想がなくて、ぐずったりしたときにはそばにいて、背中あたりをとんとんしてやって、安心して寝られるようしてやることが親の役目だと考えます。子どもが一人で寝られるようになるまでは、そうやっておいた方が子どもの精神衛生上いいのではないかと考えて、そばにいてやる。

家の広さの問題もあったと思うのですけれど、そう考えて親子そろって川の字になって寝てきたわけです。

現在では、昔と違って家の広さは改善されていると思いますので、子どもが寝るときにはそばにいて、寝入ったら子どもが一人で睡眠の世界を体験するというふうにすることは、不合理でないと思います。

まだ赤ちゃんで、おむつを変えなくてはいけないときには別ですが、ある程度おむつも朝まで大丈夫だという場合には、赤ちゃんを隣の部屋などに寝かせ、何かあったら飛んで行くけれども、一人で寝るという練習をさせるのも合理的だと思います。

ただ、寝入るときはお話しをしたり、絵本を読んであげたりして、安心して寝かせてやってほしいと思います。そうすると子どもは早く寝ますから、そのあとの大人の生活時間が確保されます。親子が同じ場所にずっといたら夫婦で話もできません。

ある程度大きくなっても、寝るときには、一緒に寝なくてはいけないと言うことにもなりますから、そういうことも考えて、子どもが寝入ったら独《ひと》り寝で十分だと思います。

Q2

子どもの成長をどう捉えるか

気に入らないことがあるとすぐにかみつきます

3歳の息子は、気に入らないことがあるとすぐにかみつくので、まわりの子どもが泣いてしまったりして、乱暴な子どもと思われているようです。何かよいしつけの方法はありませんか?

A

ゆっくり、あせらず…言葉の使い方を教えましょう

回答　大村祐子さん

子どもが不都合なことをしたとき、わたしだったら……。この年齢(62歳です)になったわたしが、まさか人さまにかみつくことはしませんが……とここまで書いて、はて? わたしは人にかみつくことをしていないだろうか? という問いが心に湧《わ》いてきました。ありります、あります。わたしは歯で人さまにかみつくことはしませんが、同じ口を使っ

て、つまり言葉で人さまにかみつくことがあります。今日も連れ合いに向かって「なにを言っているのかわからない！　もっと、わかるように話して！　あなたはいつもそんな話し方をするんだから！　自分だけがわかっていてもだめなのよ。人にわかるように話さなくちゃ！」と強い口調で言いましたっけ……。

彼はきっとわたしにかみつかれたと感じたことでしょう。

どうしてわたしはあんなことをしたのでしょうか？　そう、彼がわたしの思いどおりにならなかったからです。彼がわたしに伝えたいと思ったことを、わたしにわかるように明確に話さなかったからです。

わたしは事がわたしの思いどおりに運ばないとき、また、人がわたしの思いどおりに動かないとき、心の中で、ときには言葉でかみつきます。ですから、あなたの息子さんの心情を思うと、彼も事が彼の思いどおりにいかないとき、かみつくのだろうなあ、と想像がつきます。

わたしが歯をつかって人さまをかむという実力行使にでないのは、言葉を使うことができるからです。言葉を使って、わたしの不満、鬱憤《うっぷん》、怒り、恨《うら》み、悲しみを伝えることができるからです。（言葉でかみつかれるのもしんどいことだと思いますが……）ですから、あなたの息子さんも、言葉で彼の気持ちを伝える術《すべ》を身に付けることができたら、かみつくことはしなくなるのではないでしょうか。

その証《あかし》に言葉が自由に使えるようになった6歳、7歳の子どもが人にかみつくことはそう、多くはありませんものね。あなたのお子さんはまだ3歳です。自分の気持ちを言葉で十分に表現することはできないでしょう。けれど、「人にかみつくのはわたしの息子だけですよ。他のお子さんはしません」……とおっしゃいますか。人はそれぞれ自分の表現方法を持っています。よーく観察してご覧になると気がつかれると思いますよ。気に入らないことがあるとすぐに泣く子ども、むくれる子ども、退《しりぞ》く子ども、大声を出す子ども、ぶつくさと言う子ども、怒る子ども、物にあたりちらす子ども……みんなそれぞれの個性ですね。あなたのお子さんはかみつくという個性を持っているのです。自分では手っ取り早くていい表現方法を見つけた、と思っているかもしれませんよ。かみついたら欲しいおもちゃは手に入れることができるし、嫌なことをしていた子はやめるし、いじわる言っていた子は黙るし……しめしめ……なのに、どうしておかあさんは怒るんだろう？　と思っているかもしれません（もちろん、無意識のうちに）。

言葉の使い方を教えてあげましょう。ゆっくり、あせらず……。かみつかれた子どもは泣く、その子どものお母さんはいやな顔をする、あなたは困って子どもを怒り、謝まらせようとする……なんていう修羅場《しゅらば》で、言葉の使いかたを教えるなんてことはできません。

あなたも、息子さんも平和で、穏《おだ》やかで、ゆったりした気持ちでいるとき、教えてあげてください。湯船につかっているとき、寝る前、お布団に入ったとき……。

「昨日、となりのごろちゃん（猫）が、どろ足でおうちにあがってきたの。だからね、今お掃除したばっかりだから、足をきれいにしてからあがってね、って言ったら、〈ワカリマシター〉ってすぐにお庭に出て行ったのよ。しずかに話をしたらごろちゃんでもわかるのね」

「今日ね、お隣りのみかちゃん（2歳の女の子）がおかあさんといっしょに遊びにきてね。ショウタくんのだいじにしている紙飛行機をお口に入れようとしたの。たいへんだ！と思って、〈ショウタくんの宝ものだからさわらないでね。見るだけね〉って言ったらみかちゃん〈うん〉って言って紙飛行機を返してくれたのよ。みかちゃんまだ小さいのに、ちゃんとおはなしするとわかるのね。おかあさんびっくりしちゃったわ」

「ショウタくんが赤ちゃんのときね、おかあさんのおっぱいをかんだことがあったのよ。きっと、おっぱいがたくさん出なかったので、かんじゃったんでしょうね。とってもいたかったの。それで、おかあさんが〈待っててね、すぐにおっぱい出るようにするからね〉って言ったら、かむのやめて待ってたのよ。すごいね、ショウタくん。赤ちゃんだったのに、おかあさんの言うことわかったのね。今だって、まちがえてかむことがあっても、〈かまないのよ〉って言うとすぐやめるもんね」

どうでしょうか？　あ、それと、息子さんがお友だちとあそんでいるときは、お母さんが注意して見ていて、あ、かみそう！って感じたら、話しかけたり、すぐに離れさせたり、別なものに関心を向けることもしてあげてくださいね。

Q3

子どもの成長をどう捉えるか

言葉が出る早い遅いの基準は？

言葉の出が遅いとか早いとか言いますが、その基準はどこで判断するのですか？　何歳くらいでどのくらいしゃべれば問題ないのでしょうか？

A

1歳半で「意味のある単語を3個から5個」

回答　内海裕美さん

各年齢による言葉のおおよその目安は次のようになっています。

「ばぶばぶ」といった意味のない言葉（喃語《なんご》）を一人で言い出すのは4ヶ月から6、7ヶ月くらい。意味のある単語（有意語）は早い子で1歳くらいからと言われています。

1歳半の健診では「意味のある単語を3個から5個話せるか？」をチェックします。ここでいう意味のある言葉とは、ママでもパパでもワンワンでもかまいません。また、「リンゴ」と言えなくても「ゴ」と言って、関係の中でそれがリンゴであることがお母さんにわかる、「ター」と言うだけでも「ヘリコプター」のことを言っているのだとわかれば、それは有意語になります。その有意語が3個から5個しゃべれればいいのです。

2歳では2語分の単語が文章のようにしゃべれること。「パパ、行っちゃった」「牛乳、取って」というように、てにをはがなくても文章になっていることがポイントです。

3歳児健診では名前を聞かれたら名前が言える。「何歳ですか?」と聞かれたら答えられるということが目処《めど》になります。

4歳になると、身の回りに起きたことを知らない大人に理解できる程度に話せるようになります。

以上がだいたいの目安ですが、中には1歳半で一言も話せないのに問題のない子どももいますし、2歳で2語しゃべらなくて心配したのに、3歳になったらとてもしゃべるようになった子もいます。その差は、つけっ放しのテレビのスイッチを消すといった環境を変えてみた結果の場合もあれば、単に奥手の場合もあります。目安はあくまでも目安であって、1歳半や2歳で言葉だけを取り上げて問題の有無を判断するのはとても難しいことです。

言葉がうまく出るかどうかは、一般的にはその子がどういう生活をしていたかにかなり影響されます。言葉を話すようになるためには「言葉の貯金」が必要です。貯金が貯《た》まって「言葉の爆発」という発達段階に達すると、言葉を発するようになるのです。

子どもが牛乳を欲しそうな顔をしたとき、お母さんがすぐにポンと出したりすると、言葉があまりいらないことになります。また、親が無言で淡々と育児をしていると言葉の貯金ができません。子どもがまだ言葉がわからない時期でも、「おむつ濡《ぬ》れたのね」とか「今日は暑いわね」「いい風が吹いてきたわね」「どうして泣いてるの?」「お腹すいてるのね」と赤ちゃんに話しかけていると、子どもは日々《ひび》、とてもたくさんの言葉を浴びますし、体験と五感と言葉が一致するシーンがたくさんできます。そのときに子どもは言葉を貯金しているのです。そして、1歳半くらいから言葉の爆発が起こり、自分でしゃべったら通じるということがわかって、どんどんしゃべるようになるのです。

「赤ちゃんに話しかけてもわからないですよね」とほとんど話しかけないお母さんがいますが、言葉の貯金がないと、いくら年齢が来ても言葉の爆発は起こりません。語りかけがないもの静かな状態や、テレビやビデオという一方通行だけの情報ばかりが入っている状態は応答がないので言葉は出にくくなるでしょう。言葉が出てくるようになるには応答性が大切です。

ところで、言葉が遅いと言った場合には、正常なケースからそうでないケースまでいろいろなパターンが考えられます。例えば、1歳半でしゃべらないだけでなく、やり取り遊びもしないし、遊びもおかしいとなったら、なんらかの発達障がいを疑う必要があるかもしれません。言葉の遅れをきっかけにして、「他に気になるところはないですか？」と聞き、「目が合わない」とか「一人でずっと遊んでいてほんとに手がかかりません」といったことがある場合には、自閉傾向を疑ったりします。しかし、やりとりもできるし、自分からはしゃべらないけれどお母さんの言うことがほとんどわかっている場合には、「ただしゃべらないだけだから、そのうち言葉が出てくるでしょう」ということになります。

もうひとつ、〝耳の聞こえ〟が悪いことが原因のことがあります。耳の聞こえは日常生活ではわかりにくいことの一つです。言葉は話さないけれど、親子ではやりとりがわかっている場合にも、お母さんはなんらかの仕草をしながら話していれば、それを見て子どもは判断できるからです。「自分が言っていることはほとんどわかっているようだ」と思っているお母さんの言葉を理解しているのか、仕草を理解しているのかはお母さんには判断しにくいものです。ですから耳鼻科での聴力検査をお勧《すす》めする場合があります。

Q4

子どもの成長をどう捉えるか

反抗期の息子。何を言っても「いや」「いや」

2歳6ケ月の息子。反抗期に入ったらしく、何を言っても「いや」「いや」と言って反抗します。「どうしたいの?」「何がいやなの?」と聞いても、うまく答えてくれません。この間までなんでも言うことを聞いていたので、どう対応したらいいのかわかりません。あんまりグズグズ言っていると思わず手が出そうになります。

A

「時間の余裕」を持ってつきあうこと

回答・藤村亜紀さん

子どもの「いや」「いや」には、ほとほと泣かされますね。何を言っても「いや」の一点張りの頃もあります。

「洋服着るよ」「いや」

「なら、いいよ」「いや」

「一体君はどうしたいいんだあああ！」

と、頭をかきむしったことが何度となくあります。

「手をあげちゃいけない」と自分に言い聞かせていた私は、でも我慢の限界で、持っていた布団《ふとん》で子どもを吹っ飛ばしてしまったことがあります。

「着よう」「いや」の押し問答が30分ほど続いた頃でした。布団をしまいながらそんなやりとりをしていたのですが、着ないわ、押し入れの前からどかないわで、だんだん腹が立ってきたんです。で、堪忍袋《かんにんぶくろ》の緒《お》が切れて布団で横っ腹をぼーんと。倒れて涙・鼻水・よだれでぐしゃぐしゃになった娘を見て、はっと我に返りました。「ごめんね、ごめんね」と抱き上げると、その顔でにこーっと笑ったんです。汚かったけど（笑）、私には天使に見えて。「こんな情けない思いをさせちゃいけない」と、心に誓《ちか》ったのでした。

この年頃の「いや」「いや」について専門家の先生は、自我が芽生えた証拠と言っています。それまでなんでも周りの大人の手を借りてやっていたのが、自分でやりたくてそう言うようになる。成長の証《あかし》だから喜びましょう、と。

これを聞いて「ふむふむ、そういうことか。これは成長の証なのね。うちの子も成長してるってことか、よかったよかった」となりますか？　少なくとも私はなりませんでした。「それはわかったから、その対処法を教えてくれよ〜」と感じました。

では、私たち母《かあ》ちゃんはこの反抗期とどう付き合っていったらいいのでしょうか。

子どもは好奇心がいっぱいで、なんでもやってみたいものです。その気持ちをうまく発散させてあげたいな、と思います。「やってみたい」のに「だめ」と言われ、それに「いや」と返すことも多いように感じるからです。散歩中の犬に触《さわ》りたい、落ちているものを拾いたい、ブランコに乗ってみたい……その欲求にダメ出しされたらどうでしょう？。それに子どもは八割方《がた》走っていますが、「転ぶから走らないで」という親もいます。やりたいことを逐一《ちくいち》止められたら、大人だって「いや」になります。命に関わる危険なことならともかく、ある程度の経験は必要です。そのあたりを理解して、子どもの欲求を満たしてあげられたらいいですね。

それから私が思うのは、「時間の余裕は心の余裕」ということです。心に余裕がないと、子どものちょっとした反抗にかっとなってしまいます。ではどうすれば心に余裕ができるかと言いますと、私の場合、それは「時間の余裕」がかなり関係してきます。

同じ「さあ、靴はいて」という状況でも「約束の時間だ、急がなくっちゃ」と焦《あせ》っているときと「近くにお散歩に行くだけだから、ゆっくりでもいいや」というのでは、態度が違ってきますよね。

急いでいるときに「いや」「いや」が始まると、時間はないわ、気は焦るわで爆発しそうになります。そんなときは頭の中で段取りを組んで、早めに準備が整うようにしていました。その頃は夕方になると子どもがぐずっていたので、夕ご飯の支度も機嫌のいい朝のうちに済ませていました。母ちゃんは頭脳プレーヤーです。頭と時間（それからだんな）を駆使《くし》しましょう。それでも、付き合いきれずにイライラすることもた〜くさんあります。そんなときはどうしましょうか。

「間（距離・時間）をおく」のです。「いや」「いや」と言っている子どもと、可能であればちょっと間をあける。隣の部屋に行くでも、トイレにこもるでもいいのです。マンツーマンで向かい合っているといつまでも気持ちが切り替えられませんから、そうやってちょっと心に風を通すんです。

「でもうちの子、トイレまで付いてくるんです」という方、友人は「ヘッドホンで音楽を聴く」と言っていました。自分の世界にひたって好きな音楽を聴き終わる頃には、いい具合にリフレッシュしているそうですよ。

Q5

子どもの成長をどう捉えるか

マイペースのわが子、いじめが心配です

うちの子は何をやるにしてものんびりしていて、まわりが急いでいてもそれを気にすることなくマイペースです。近所のお母さんからは「落ち着いていていいわね」と言われていて、確かにそういうところもあるのですが、いつもそれでは困ります。いま5歳で、もうすぐ小学生です。もう少しまわりの状況を見て、早くしなければならないときは早く、自分のペースでやっていいときはそのように、というふうにできないものでしょうか? そうでないと学校に行ってからいじめられないかと心配です。

A

子どものいいところを、もう一度じっくり見直してみて

回答・藤村亜紀さん

お子さんはのんびりマイペース型なのですね。

それについてお悩みを寄せられるということは、お母さんは「このままじゃ困る」「なんとかしてほしい」と思っているのでしょう。

きっとお母さんは物事をてきぱきとこなす、仕事の速い方なのではないでしょうか。なので、お子さんの性格が理解できず、見ていてやきもきするのでしょう。自分と似ている子どもなら、考えていることや行動パターンなども推《お》し量《はか》りやすいですが、違うタイプだとなかなかそうはいきません。それがこの方の悩みの根っこかな、と思います。

まずはじめに、お子さんの気持ちを考えてみましょう。

このお子さんは、お母さんの不安な眼差《まなざ》しを受けて自信をなくしている気がします。「ほら早くしなさい」「なんでほかの子みたいにできないの」と言った言葉で傷ついてはいないでしょうか。直に言ってはいないかもしれません。が、そういった気持ちは表情や態度に表れます。そんなお母さんから子どもは何を感じ取るでしょう。

「私はダメな子なんだ」

「お母さんは私のこと嫌いなんだ」

そんな自己否定の気持ち、大好きなお母さんから受け入れてもらえない淋しさです。子どもにとって絶対の存在である母親に拒否されるほど、辛いことはありません。

「いじめが心配」とおっしゃるのも「この子はこのままではいけない」と聞こえてきます。その漠然《ばくぜん》とした不安が、かえって子どもを萎縮《いしゅく》させ、おどおどした子にしないか、それがいじめを誘発しないか心配です。

その打開策としてまずは、お子さんの個性を認めましょう。

私たち大人は、勝手に理想の子ども像を描きがちです。朝はにっこり笑って「おはよう」と起きてきて、着替えもちゃっちゃか一人で済ます。知人に会ったら大きな声であいさつして、親の手をわずらわせずに友だちと元気に仲良く遊ぶ。それがいい子だと。で、それに当てはまらないと「なんでうちの子は……」と悩んでしまう。

でもそれって、子どもにしてみればいい迷惑ですよ。「ほっといてくれ」と言いたくなるはずです。なぜなら私だって理想の母像・妻像・嫁像を押しつけられても困るから。人様が作った理想像を生きてゆくなんて、きっとものすごく疲れると思うんです。それで「理想と違う！　きゅうりの千切りは0・5ミリだ」と怒鳴《どな》られたって、私にはどうにもできません。私なら「そのままでいいよ」「きゅうりがカットされず、つながってても一向に構わないよ」と丸ごと認めてもらえたら、きっとものすごく安心すると思うんです。あなたもそうではありませんか？　子どもだって同じこと。のんびりマイペースも個性だと、自分とは違う個性だと、まずは認めてあげましょう。

そしてお次は、お子さんのいいところを見つけてほしいんです。

例えば「ゆっくりマイペース」は見方を変えれば「物事をじっくり時間をかけてこなす」「根気強い」といった良い点になります。また、今はマイペースが気になってそれにばかり目がいくかもしれませんが、ほかにいいところだってたくさんあるはずです。

同じようにのんびり屋の娘さんが気になる方が、以前こんなことを言っていました。

「うちの子は何もかもゆっくりで、空想ばっかりしてるんです。でも、何を考えているのかと見ていると、友だちの誕生日に何を贈ろうか、何をあげたら喜んでくれるかといったことを一生懸命思いめぐらせたりしているんです。そうしていいアイディアが浮かぶと、今度は時間をかけて丁寧《ていねい》にそれを作っていく。確かに人から見れば、ぼーっとしているように見えるけれど、彼女は彼女なりにいろんなことを考えていたんですよね。人を喜ばせるのが好きだなんて、なんだか素敵だと思いませんか？」

この方のように、今一度お子さんをよーく観察して、いいところを一つでも二つでも発見してください。そうしてお子さんに対する見方が変われば、お子さんも自分に自信を持てるようになり、何かが少しずついい方向に変わっていくはずです。

Q6

子どもの成長をどう捉えるか

3歳児神話は本当?

3歳までは親が一緒にいた方がいいと言いますね。最近は1歳くらいで保育園に預けて仕事をしているお母さんも多いので、私もそうしようと思っています。でも、私の両親も義理の母も「3年くらいは一緒にいてあげた方がいい」と言います。そういわれると、もしも1年で子どものそばを離れたことで、何か悪い影響があったらどうしようと気になります。やはり3歳くらいまでは働かない方がいいのでしょうか?

A

お母さんが働いていても子どもに悪影響はありません

回答　内海裕美さん

まず、「3歳児神話」は、どういう人がどういう意味をもたせて使っているかを見極めることが大切です。

ある人は3歳まではとても大切だからお母さんが育てなければいけないというふうに、母親を重視して零歳《れいさい》から保育園に預けるのを反対するということがあります。確かに3歳になれば名前も言えますし、年齢も言えるようになります。誰が家族かもだいたいわかってきますから、それだけを考えても、とても大切な時期であることは間違いありません。3歳までに虐待《ぎゃくたい》されていると、あとで人との信頼関係が結びにくくなるとか、いろいろな弊《へい》害が出てくることも多い。だからといって4、5歳までが大切ではないということではなく、たとえ言葉にできるような記憶がない時期も、すごく大切だという意味で重要なのです。

このことと、3歳まではお母さんが見なければいけないとか、3歳までにいろいろなことを覚えさせなければならないということが、すべて一緒になって「3歳児神話」になっています。そのため、さまざまな混乱と誤解が生じていると、私は考えています。

厚生労働省は平成10年度に、「お母さんが働いていても子どもに悪影響はない」という形で3歳児神話を否定した報告を出しました。つまり、養育環境さえきちんと――温《あたた》かな、ある程度決まった人に愛されていることが子どもの発達にとって保証されていれば、必ずしも母親がいなければならないということはないと、公に認めたのです。

むしろイライラしているような養育者や専業主婦と24時間いるよりは、はつらつと働いて、仕事を生活に持ち込まずにメリハリのある生活をして、子どもの養育環境が整っている方が子どもは健やかに育つというものです。

昔は母親が働いているとどうだこうだという話があったのですが、それは偏見にすぎないということがはっきりしたわけです。

ただし、3歳までが重要だという「3歳児神話」に目を向けると、この時期が大切であることは間違いないわけなので、この時期にいろいろなことを早く教えるのはいいことである、あるいは早くしないと間に合わないという話が混乱して言いはやされています。

子どもの成長は、適切な時期に適切なことをさせるのが一番いいのですが、何が適切なのかは科学的にはわかっていません。そのわからない状態に中に、企業が幼児教育のためとか脳力を高めるといって早期教育に参入してきているのが現状です。早すぎることの障害も出ています。

脳科学が発達してきて細かいことが少しずつわかってきていますが、細かいことがわかったからと言って全体がどうなっているかはわかるとはいえません。人間を理解するという意味ではまだ全然わかっていないわけです。

一つわかったことで、それを早期教育全体に結びつけたりするようなことは、注意する必要があります。何事にも順番がありますから、基礎もないのに難しいことを子どもに突然やらせても、できないのは当たり前です。家と同じで基礎を作る前に上物を建てたらつぶれます。

絶対音感にしても、将来絶対に音楽家にするのだから、というのであれば必要でしょうが、音楽を楽しむために絶対に必要かといえばそんなことはありません。そこを混乱させたままにして子どもをいじくり回すと、とんでもないことになるかもしれません。

どんなにいいことでも、やりすぎれば子どもが混乱するのは間違いないでしょう。企業のコマーシャルに左右されずに、養育者は目の前の子ども一人ひとりにとって何が適切かをよく考えなければなりませんね。

Q7

子どもの成長をどう捉えるか

男の子と女の子の育て方で違いはあるの

私には3歳の女の子と1歳の男の赤ちゃんがいます。私は姉と二人姉妹で育ち、最初の子も女の子だったので、なんとなくどうすればいいのかわかっていたのですが、男の子の扱い方はまったくわかりません。男の子を育てるときには、女の子と育て方を変えた方がいいのでしょうか？

A

生理的な違い以外は変える必要はありません

回答　汐見稔幸さん

男の子とか女の子で育て方の違いがあるか否か、という前に、男の子と女の子のものの考え方や行動の仕方の違いについてはある程度知っておいた方がよいでしょう。男女の違いは厳密には生まれたときからあります。

これは男性ホルモンと女性ホルモンという、ホルモンの種類の違いが理由の一つです。それから脳の構造にも男の子と女の子に違いはあるわけです。だから行動の仕方や、場合によっては発想の仕方にも、多少の違いがあるというのは、生得的に多少はあるようです。ただし、どこまでが生理的な違いで、どこまでが育て方による違いなのか、その境界線をきっちり線引きすることはできません。

例えば、1歳代くらいになって自分でどんどん動けるようになってきますと、男の子の方には、脇目もふらず目標に向かって突入していくような行動が多くなります。あるいは自動車、電車といった、動くものに興味を持つのも圧倒的に男の子です。自動車や電車はおもしろいよ、と別に教えたわけでもないのに、いつの間にか男の子は興味を持つ。積み木を積み重ねてガチャンと壊《こわ》すようなことをおもしろがるのも圧倒的に男の子が多い。

ところで、人間の成り立ちから見ると、生理的には人間のメスの方が標準モデルで、オスはそこから出てきた変形タイプと言われています。そのためか、どちらかというと生命力は若干オスの方が弱い。だから生まれるときには105対100くらいで、男の子の方が多いのですが、大きくなっていく過程で100対100になっていったといいます。途中で死んでしまうのが圧倒的に男の子に多かったからです。

現代は医学が発達して、幼児死亡率が下がったため、成人男性が少し多くなっています。ですから1対1の結婚制度では、100人中5人くらいは結婚できない男が生じるというのが現代の法則です。

このような意味で行動の仕方や、あるいは学力テストで、国語はどの年齢でも女の子の方が点数が高くて、算数はどの年齢でも男の子の方が高いというような違いは昔からありました。しかし、最近ではそれが少しずつ変わってきました。

また、生育過程で、「女の子だからこんなことしちゃいけません」とか、「男の子だからもっと活発に」といった親の期待を前面に出して子育てしているために、男の子がちょっと乱暴しても大目に見るし、女の子がちょっと乱暴だとやめなさい、となって、それがすり込まれて男らしさ、女らしさになっていく、いわゆるジェンダー（社会的・文化的性別）の性差もあります。

どこまでが生理的性差でどこからがジェンダーによる違いか境目はハッキリしません。だから男の子の育て方と女の子の育て方は多少違うと親が配慮しなければいけない点は、生理的な違いに基づく部分だけです。

例えばおしっこの始末について、おちんちんでおしっこすることが、お母さんには経験としてはわかりません。ですから、男の子が立っておしっこしたときにも「ちゃんとティッシュで拭《ふ》きなさい」というお母さんが多い。男の子は拭いたら紙を捨てる場所がないのにです。

結論としては、男の子だから泣き虫はおかしいとか、女の子だから木登りする子はおかしいとか、そんなことは大人の勝手な思いこみで、それぞれの子の興味関心の世界はそれぞれの子に個性的にありますから、ジェンダー的思い込みで性差を強調するのはいかがなものかと思います。あまり男の子、女の子ということで決めつけない方が、私は子育てとしては正統だと思います。

とにかくやって欲しくないのは、男のくせにめそめそするな、とか、男の子なんだからがんばりなさいと言っていやがっているのを無理にさせることです。そういうふうにしたとき、子どもは傷つきますし、自信をなくしていきます。

「自分はできないのかなぁ」と思いこんでしまいます。男の子と女の子と行動パターンの違いはありますが、その子がやりたがることや行動の特徴をよく見極めて、その子に合うように育てていくことが基本だと思います。

第2章 上手なしつけ、賢いしつけ

トイレトレーニング
ほら しーってしてごらん
まだだじょ
ちょろちょろ…
わーでたでた いっぱいでたねー えらいねー
デパートにて
ママ、トイレに入るから、一緒に入って待っててね
わー ママ いっぱいでたねー えらいねー
しずかに
くす
くす

Q8

上手なしつけ、賢いしつけ

いくら言っても散らかし放題で困っています

4歳の娘は人形で遊んだら遊びっぱなし、絵を描いたら描きっぱなし、おもちゃで遊んだらそれも出しっぱなしで、どれも片づけることなく次から次へと遊びほうけています。「次の遊びをする前に、前の遊びは片づけて」と言うと、その場ではちょっとやりますが、すぐに元の状態になってしまい、部屋はいつもおもちゃや物で散らかっている状態です。もう少し整理整頓をさせたいのですが、どうしたらいいでしょうか?

A

片づけのコツは「おもちゃを減らす」「定位置を決める」「片づけも遊びにする」

回答・藤村亜紀さん

食べ放題や取り放題は嬉《うれ》しいですが、散らかし放題は困ります。お母さんが一生懸命片づけても、ただの5秒で元のもくあみ、ということだってよくあります。なんだかエンドレスで追いかけっこをしている気分で、「もう嫌!」と叫びたくなります。

子どもは常に「前向き」です。やりたいこと、行きたいところがあふれていて、次々に遊びを展開していきます。それは大人の目から見れば、めまぐるしいほどです。そんなふうですから、後ろを振り返って片づけるということをまずしません。

ではどうすればそんな子どもに、片づけをさせることができるのでしょうか。

それにはいくつかコツがあります。

1、おもちゃを減らす
2、ものの定位置を決める
3、片づけも遊びにする

この3点です。では、それぞれについて見ていきましょう。

まずは1の「おもちゃを減らす」からです。おもちゃ箱からおもちゃがあふれてはいませんか? わが家でもうっかりすると、もう何ヶ月も触《さわ》っていないぬいぐるみなんかが出てきて「あら、懐《なつ》かしいわねぇ」なんて言っていることがあります。それらの使っていないものが場所を取り、今使っているものがしまえないという、笑い話のようなことが起こるのです。数ヶ月使っていないおもちゃは誰かに譲《ゆず》るなり、しまうなりして、まずは「おもちゃ減量作戦」に乗り出しましょう。それだけでもスッキリして、だいぶ片づけやすくなるはずです。

次に2の「ものの定位置を決める」です。おもちゃを減らしたら、次はそれらを置く場所・しまう場所を決めましょう。

子どもは美しいものに敏感です。美を豊かに感じ取る心を持っています。そんな子どもにふさわしいのは、決まったところに決まったものが置かれている状態です。おもちゃ箱に何でもかんでも突っ込むのは簡単ではありますが、それは決して美しい状態とは言えません。うちにもそれが一つありますが（笑）。

なんとかしてスペースを空け、おもちゃを置く棚を用意できないでしょうか。そうして「一つのおもちゃは一つのかご」、または箱に入れておけるようにできるとベターです。

お絵描きセットはお絵描きセット用のかご、ままごとはままごと用のかごへ、といった具合です。慣れないうちは、どれに何を入れるか迷うかもしれませんので、ままごとのかごにはままごとの絵を描いて張っておくといいでしょう。ぬいぐるみや人形には、お布団を作ってあげましょう。

「決まった場所に決まったものをしまう」というのは、大人だけでなく子どもにとっても気持ちのいいことです。それに案外子どもの方が記憶力に長《た》けていたりするので、大人よりスムーズに場所を覚えたりします。そうやって美しく整った部屋を見て、片づいた空間が快適であることを感じ取っていくことでしょう。

最後は3の「片づけも遊びにする」です。なかなか片づけが進まないと「ちゃんとやりなさい！」とだんだん声に凄《すご》みが増してきます。するとますます片づけが嫌になる、という悪循環が生まれてしまいます。そうならないようにするには、どうしたらいいでしょう。

子どもにとっては何でも遊びです。食べるのもお風呂もみんな遊び。やることの中に何かしら遊びの要素を見つけ出し、それを楽しむのが上手です。だから毎日でも飽《あ》きずにそれらを続けていくのですね。なので、この際片づけも遊びと捉《とら》えてみましょう。

「さあ一緒にお片づけしよう」と話しかけ、「クレヨンさんは、クレヨンさんのおうちに帰ります」「お人形さん、お休みなさい」と定位置に戻していくのです。こうなると片づけというより、ものをおうちに帰す遊びといった感じがしませんか？　そんなふうに楽しみながらやるようにすれば、子どもも喜んでするようになるでしょう。

Q9

上手なしつけ、賢いしつけ

指シャブリがやめられません

1歳を過ぎたあたりから指シャブリが始まりました。そのうち自然にやめるだろうと思っていたのですが2歳になってもやめません。みっともないし、赤ちゃんではないのでやめさせたいのですが。子どもの指シャブリは親の愛情が足りないからと聞いてからは、意識して抱きしめたりしているのですが……。なんとか直す方法はないでしょうか？

A

3歳くらいまでは温かく見守って

回答　内海裕美さん

指シャブリは親の愛情が足りないわけではありません。気軽に「やめさせましょう」という人がいますが、子どもはまずやめません。なぜなら指シャブリは何かで安心したいという子どもの心から来ているからです。子どもたちも日々何かしらのストレスを感じていますから、それをそういう形で解消しているのです。ですから無理矢理やめさせると、その代わりにチックが始まったり、夜尿が始まったりといったことが起こります。小さいうちの指シャブリは愛情不足ではなく安心の形なのです。

どうしてもやめさせたいのなら、両手を使う遊び――ボール遊びなどをするしかありませんが、3歳くらいまでは温かく見守っていればいいと思います。

ただし、乳歯の生え変えが始まる5歳くらいまで続けていると、顎《あご》の形が変わってしまうことがありますから、それまでにはできるだけやめさせた方がいいでしょう。指シャブリをしていたら退屈しているんだなと思って、「お手伝いをしてちょうだい」と声をかけてみたり、この年齢であれば言葉で言っても通じるのでので、やさしく「やめなさい」と言うのがいいでしょう。

基本的にはクセですから、「指シャブリなんかしてみっともない」と叱って、「指シャブリをしている自分は悪い子なんだ」と思わせないようにしてください。「また吸っているわよ」と軽く注意する程度で十分です。

4、5歳になるとまわりがしてないので、恥ずかしくなって自然にやめることもあります。指シャブリをしていると愛情不足だと思われるのがイヤで、親があせって無理にやめさせようとすると、毎日の子育がしんどくなります。

全く指シャブリをしなかった子どもが、下の子が生まれた途端にし始めたら、それは「ママ、こっちを向いて」のサインです。指シャブリをやめさせようとしなくても、お母さんがその子を見てあげるようになれば自然になくなります。つまり、この場合の指シャブリは私にも関心を払ってね、というサインなのですから、サインを禁止するのではなく、サインが消えるように生活を保障してあげればいいわけです。

私は指シャブリは基本的には大きな問題ではないと考えています。小学6年生になったからと言って、この子は子どもの頃に指シャブリをしていたな、なんてわかることはないですから。

Q10

上手なしつけ、賢いしつけ

すぐにウソとわかるようなウソをつく娘

4歳9ケ月の娘は、アイスクリームが好きで、1日に一つと決めているのにちょっと目を離したすきに自分で冷蔵庫を開けて食べることがあります。ところが「食べたでしょ?」と聞くと「食べてない」とすぐにウソとわかるのに言い張ります。腹が立つので「なんで、ウソをつくの!」と叱っても、「ウソじゃないよ!」と強情《ごうじょう》です。どう対応すればいいでしょうか?

A

子どものウソには二つのケースがあります

回答・内田良子さん

子どものウソはよくトラブルを起こす原因になりますが、子どもが見えすいたウソを言う場合は、二つのケースがあると思います。

一つは、「このことをお母さんは絶対に許さない、受け入れてくれない」ということがわかっていることをしてしまった場合は、「してない」と言い逃れをします。質問のケースはこちらですね。「これは絶対にしてはいけない」と厳《きび》しくしつけられたことをやってしまった場合、認めると怒られるわけですから絶対にやったと認めません。

例えば、「ここで遊ぶとこのお皿が壊《こわ》れるから絶対にやめてね」と言われていたのに、遊んでいて壊してしまったら、親は「誰が壊したの？」と問います。その子の他にやる人はいなくても「僕、知らない」と言い張るでしょう。「じゃあ、誰がやったのかしら？」と聞くと「知らない」とか「さっき、お隣の猫が入ってきたみたいだけど……」とか言い出すこともよくあることです。特に言うことを聞かないとおやつがもらえなかったとか、暗いところにいれられるといった罰《ばつ》を経験していると、余計に強弁します。

そこで、厳しく深く追求し続けると、子どもからすると「あなたがやったの？」「うん、やっちゃった、ごめんなさい」という関係にはなれなくなってしまいます。こうした場合には事実を突き止めるために警察が調べるように突き詰《つ》める必要はありません。

親としては「素直に認めれば許すのに……」と思っていても、いつまでも言い逃れをするから突き詰めたくなるのだと思いますし、子どもに「言い逃れられる」と思わせることはいけないと思う親も多いと思いますが、そこで厳しく責《せ》めたことが効果があるかというと、必ずしもそうではないからです。子どもは悪いことをしてしまったとわかっているから言い逃れをしているわけですから、白黒をはっきりさせるような追求まではいらないと私は思います。幼児期の子どもに大切なことは「許す」ということです。

「誰がやったのかしら、困ったわね。これは○○に使うはずだったのに。あなたがやってないというのならそうしましょう。でももう二度とやらないでね」というくらいでいいのではないでしょうか。つまり、何が困っているのか、何がダメなのかをその場できちんと確認して、「この次は気をつけてね」と確認することが大切なのだと思います

それに、大人から見ればすぐにわかるようなことをしている場合も結構ありますよね。そういうときは「あなたが犯人でしょう」とまでは言わなくていいけれど、「大人にはこういうふうにわかっているんだよ」ということを言えば、子どもにも大人には丸見えなんだとわかります。

例えば、「冷蔵庫の中のケーキを食べたのだれ?」「あたし知らない」と言ってる子どもの口元にクリームが付いているようなことがあります。それを責めなくても「鏡を見てご覧なさい」と言えば済みますし、それでいいわけです。つまり「わかっているわよ」とい

うことを伝えて、「次からはこうしてね」ということを言えば十分なのです。

もう一つは、子どもは現実と想像の世界の境がないので、想像の世界のことを現実のように言う場合です。それが親にとってはウソだということになるわけです。例えば、幼稚園の先生に「先生、今度うちで犬を飼ったの」なんてことを言う子がいます。そこで先生がお母さんと会ったときに「犬を飼ったんですねって」と話しかけたりすると、「いえ、そんなことありませんよ」となって、「どうしてウソつくの？」と子どもを問いただすようなことはよくあることです。

そうしたときは子どもを叱るのではなく、「犬が飼いたかったの？」「マンションだから飼えなくて残念ね」と言ってみたり、そこから話を広げて二人で家の中で犬を飼うというごっこ遊びをするという方法もあります。実際の犬は飼えないから、ぬいぐるみの犬を買ってお話ししたり、散歩をしたりするところまで発展できる可能性もあるわけです。そして「いつか家が買えたら犬を飼いましょうね」でいいわけです。ウソで打ち切ってしまうのか、絵本の世界のように広げていくのか、親の考え方一つでずいぶんちがうと思います。子どもには夢や空想が必要です。リアリズムだけでは子どもは育ちません。

Q11

上手なしつけ、賢いしつけ

食事中に気が散って遊んでしまいます

3歳の男児ですが、食事のときにおかずやご飯をちょっと食べたかと思うと、ぐちゃぐちゃにして遊んでしまったり、食べている途中でテーブルの下に潜《もぐ》ったりして、おもちゃで遊び始めてしまうこともあります。いつまでも片づかないし、食べ物を粗末にしても困るので、「食べ物で遊んじゃいけないよ」と諭《さと》すのですが、なかなかうまくいきません。そもそも食べるのが遅くて困っています。何かいい方法はありませんか?

A

食事は始めの10分が勝負

回答・藤村亜紀さん

うちの子どももそうでした。食事の最中に電話にでも出ようものなら、戻ったときにはテーブルの上はみそ汁・おかず・ごはんの海。じっくり食べられるはずのときだって、ひとくち食べては遊びに行って、お茶碗持って追いかけたものです。

食べるの大好きな私には、なぜせっかく盛りつけた物を混ぜこぜにするのか、なぜ目の前にあるごはんより、おもちゃがいいのか理解できませんでした。まあ、私の料理の腕ですから無理はないのですが（開き直り）。

追いかけるのに嫌気が差した頃、食事は始めの10分が勝負だと悟《さと》りました。子どもって落ち着きがないですからね、長時間じっとなんかしていません。飽《あ》きたのに座らせ続けるのは至難《しなん》の業《わざ》です。ですから、その10分でいかに食べさせるか、それが「ない」腕の見せ所でした。

私の場合、主食は手づかみで食べられるものにしました。おにぎり、海苔《のり》巻き、パンなどです。おかずはスプーンで食べることになります。皿をひっくり返されないよう底に吸《きゅう》盤《ばん》のついたタイプにして、テーブルにぴったり貼《は》り付けておきました。みそ汁のお椀《わん》はさすがに貼り付けるわけにもいかず、こればかりは飲む際に手を貸しました。

こんなふうにして自分で食べる意欲が高まるよう（そして私が楽できるよう）に工夫していました。

そうすることで、スタートダッシュの10分間、集中力のあるうちに結構食べてくれるようになりました。

それから食べる際の雰囲気作りとして、子どもの気をひくおもちゃなどは目に見えない所に遠ざけるようにしました。テレビももちろんつけません。どうしたって楽しそうな物が視界にあれば、そっちに興味が移ってしまうのは仕方のないことです。ですからそういった「障害物」を事前に取り除くのも、集中して食事をするためには大事な一手です。

また、当然ですがお腹がすいていないと食欲もわきません。家の中でテレビやゲームばかりでは、体力は消耗《しょうもう》しません。外に連れ出して体を動かし、お腹がすく感覚を味あわせてください。

ちなみにその際気をつけてほしいことがあります。お子さんの「おなかへった」で、とりあえず飴《あめ》やお菓子をあげてしまう人がいます。そうしてしまっては、お腹をすかせた意味がなくなってしまいます。それを防ぐためには、おにぎりを握って冷凍しておくといいですよ。チンして食べさせるのには、一分もかかりませんから。

同じように、必要以上のおやつは控えましょう。「おやつはなくてもいい」くらいに考えて、一日三回から四回の食事を取らせるようにもっていけたらいいですね。

また食事の量ですが、食欲には個人差もあればそのときの体調もあります。お母さんがせっかく作ったお料理でも、その時々によって全部は食べられないことだってあるでしょう。それを時間をかけてでも食べさせようとすると、お互いストレスになってしまいます。遊びだしたら、「もういらないんだな」とおしまいにする潔《いさぎよ》さも大切です。

食事は健康な体を作る、必要な栄養素を摂取《せっしゅ》するということはもちろんですが、コミュニケーションも大きな目的です。「食べるのが楽しい」と感じる子どもになるよう、気を配りたいなと思います。

では以下、食事時間が楽しくなるポイントをいくつかあげてみます。

「みんなで食べる」

相撲取りのように「両者にらみ合って」という状況では、食事も喉《のど》を通りません。

核家族では、日中ママと子どもの二人きりで食事をすることが多くなりますが、そんなときでも「いっぱい食べられるね」「おいしいね」と会話しながら食べましょう。そうして朝や夜、休日などは家族全員そろって食べる楽しさが味わえたらいいですね。

「家庭菜園をする」

うちではこれ、もっぱらだんなの役目ですが、プランターでトマトやオクラを育てています。プランターには子どもたちの名前が書いてあり「ぼくのトマト」「私のオクラ」と言ってかわいがっています。

そうして収穫したものは味も格別なようで「自分で作るとおいしいし、いっぱい食べられるし、お金もかからなくていいね」と喜んでいます。土いじりの苦手な方は、だんなをうまく操縦《そうじゅう》しましょう。

「一緒に料理」

なんでもまねっこのこの時期です。料理にも興味を示すのではないでしょうか？ レタスをちぎってサラダにする、切った野菜を塩もみするなど、簡単なものから手伝わせましょう。自分で作ったものは、不思議と食べてくれますよ。料理に参加した自信と嬉しさから、新たな意欲が生まれるかもしれません。

Q12

上手なしつけ、賢いしつけ

子どもの叱り方を教えて

子どもに対して、どういうふうに叱ったらいいのかいつも迷っています。叱るよりも褒《ほ》めた方がいいとも聞きますから、あまり叱ってばかりいるのもいけないし。上手な叱り方があったら教えてください。

A

叱るべきときと、そうでないときをきっちり分けておく

回答　汐見稔幸さん

親は、子どもを叱るべきときと、本来叱るべきじゃないときという原則を、きっちり分けておかなければなりません。叱るべきじゃないときに叱っているというケースが意外と多いからです。子どもが経験不足のために失敗しているとか、子ども自身がルールがわからないためにちょっと迷惑をかけている、そういうときは頭ごなしに叱るのではなく、ル

ールを教えてやったり、その場で話してあげるのが親のつとめです。

例えば1歳代くらいになると、男の子と女の子の多少の違いはありますが、親から見たら、「あぁそれやらないで！」と言うようなことをいっぱいし始めます。でも子どもには、いいも悪いもわからない。ただ、これなんだろう、おもしろそう、何でこんな音がするんだろうと自分で試してみたくなるのです。そのようなときにはできるだけさせてあげることが子どもの発達にとって必要です。もちろん、危険がない限りにおいて、ですが。だから「何々したいの？」と言って、「これ危ないからこっちでやってね」と子どもの気持ちをくみ、環境を作ってあげることが大事なのです。そういうときは叱る必要はありません。

ところが、2歳くらいになって砂場で友だちと遊んでいるときに、自分の思いが通じないからと言って、隣の子を積み木でばーんと叩《たた》いたとします。そういうときには、いくら言葉がまだできないからと言っても、やってはいけないことですから、「あ、だめよ」とか、「ケガしちゃうのよ」とまず一回叱り、「これ、どうしても使いたいの？」と聞いて、「じゃ、あの子に聞いてあげるから、これ返してくれる？　あとでだったらいい？　我慢できる？」など、子どもの気持ちを少し満たしてあげると同時に、行為そのものは「これはだめ！」と叱らなければなりません。赤信号で制止しているのに渡ろうしたときも、

「あ、だめ！」って言って一回は叱らなければなりません。

　本当に叱る必要のあるのは3歳くらいからです。そこから本格的なしつけが始まります。子どもは社会生活に本格的に参加できるのがだいたい3歳ですから、2歳まではそんなに叱らなくてもいいのです。

　でも実際には、お母さんがイライラしていたりとか、せっかく掃除したのにまた汚されたとか、あるいは絨毯《じゅうたん》に水をこぼされるのではないかということで「だめ！」と言ったりしていることが多いのです。結局、親の都合や気持ちを優先させて、子どもの都合や気持ちをくんでいないで叱っていることが多い、と思います。それでは子どもはだんだんと親と深いコミュニケーションをするということを避《さ》けるようになってしまいます。

　叱るときにはいくつかのルールがあります。やってしまったことは「これはだめなのよ！」と叱って欲しいけれども、それから延長してその子の人柄や性格まで叱ることはしないで欲しいのです。「なんてぐずなの！」「どうしてそんなに不器用なの！」といった叱り方はしないでください。それは子どもにどんどん自信をなくさせてしまいます。

　それから、ねちねちねちねちと、「あやまんなさい！　あやまんなさい！」と謝るまで叱っているお母さんがいますが、これも子どものメンタルヘルスを損《そこな》います。叱るときはスカッとすることも大事です。

今の親はストレスが大変強い。朝から晩まで一人で子育てをしていて発散する場がないつらさは想像以上です。見方を変えれば、親が有能であるかどうか試されているようなことになっていますから、非常につらいと思います。

気の毒だと思いますが、それでもやっぱり子どもの育ちを考えたらそこはやってはいけないことがあります。だから、ちょっと叱りすぎているなと思ったときは、何とか上手にお母さん自身のストレスを発散できるように、体を動かしてみたり、友人をつくってペチャクチャしゃべってスッキリしてみたり、子どもと一緒にランニングしてみたりと、上手くストレスを発散することを考えてください。

Q13

上手なしつけ、賢いしつけ

公共の場で走り回ったり、騒いだりします

買い物にスーパーに行くと走り回ったり、勝手にお菓子やハムを持ってきたりします。きつく叱ると大声で泣き出してしまいます。電車に乗るときも同じで、通路をキャッキャいいながら歩き回ったり、大きな声を出したりして、まわりの人から白い目で見られることもあります。なんとかおとなしくさせる方法はないものでしょうか？

A

カートに乗せる、何か一つ持たせる、疲れさせる……

回答・藤村亜紀さん

スーパーで走り回ること、うちの子もありました。「家が狭いんだから大目に見るか」と好きにさせていたら、よそのおばちゃんに注意されました。私が甘かった、すみませんと慌《あわ》てて連れ戻したのを覚えています。とは言え、相手は動き回りたい、あれもこれも触《さわ》

りたい盛りの子どもです。なんとか知恵を絞《しぼ》りましょう。

公共の場で走り回る子どもは、どうしたらいいのでしょうか。できればベビーカーなどに座らせて、お気に入りのものを持たせておくといいですね。

電車であれば窓の外の風景を見せる、次に行く場所を楽しく話して聞かせるなどしながら。けれどそれも長時間となると飽《あ》きてくるものです。私は長い時間電車に乗せる際は、前もって公園などで思う存分遊ばせ、疲れさせておきました（ちなみに、私の住む町は秋田市です）。そうすると電車の揺《ゆ》れの心地よさと共に、夢の世界へと誘われるのです。

「あら、予定の半分で起きちゃったよ。まだ先が長いのに」と予想外のこともあります。そんなときは小さいお菓子がたくさん入っているものを与え、「味わって食べてね」と言うと、結構時間がつぶせるのでした（バナナなんかだと一瞬で食べ終わるので）。

それでも間が持たなくなったときには、車両が連結しているあたり（トイレがあったり、昇降口があったりする、ガタンゴトンとうるさい場所）に連れ出して遊ばせていました。そこだと立っていられるし、少々大きな声を出しても周りに迷惑がかからないのでいい気分転換になったものです。（都会の電車だと、そういうスペースがありませんか？）

スーパーでもカートに乗っていてくれればいいのですが、座るのを嫌がるお子さんもいます。そんなときは「お母さんの服につかまっててね」と約束しました。でもそれにしたって言われた通りつかまっている子と、そうでない子がいるはずです。うちの二人の子はその両方でしたから。

ものを持ってくる対策としては、買い物かごの中から何か一つ持たせていました。サツマイモや麸《ふ》（わが子の好物です）とか子どもの好きなものを。するとそれで満足して案外おとなしくしていました。それでも商品を持ってくることもあります。そんなときは頭ごなしに叱るのではなく、なぜそれを持ってきたのかちょっと考えてみてください。うちで、以前同じものを食べたことがあって、それを子どもが伝えたいため、ということもありました。

「あれ、それ前にも食べたね。見つけたんだ」と話しかけると、「わかってくれた」という顔をして戻しに行きました。チョコレートを勝手にかごに入れたこともありました。が、それは「お母さんはチョコレート好き」と知ってのことでした。

そんなふうに持ってくる理由を察し、その気持ちをくんであげるとほっとするようです。その後で「これは今日は必要ないから戻そうね」と言うといいようです。

ある程度大きくなって聞き分けができるようになってからは、買い物の前に「見てるだけ～（と歌う）」とか「一つだけおやつを買っていいよ」と約束してから行きました。

そのほかにも病院、図書館など、静かにしていることが求められる場はあちこちあります。そんなとき、お子さんのかんしゃくに負けて、ほしがるままにおやつを与え続けたり、騒ぐにまかせておいたりするのは楽ではあります。けれどそれでその場はやり過ごせても、次も同じ状況になってしまいます。

それよりも社会のルールや約束事を伝えていくことが、後々子どものためになります。小さいうちは気をひくおもちゃを持って行く、お気に入りの絵本を持ち歩く、手遊びをするなどして静かに過ごせるようにしてください。そうして少し大きくなってきたら、なぜ騒いではいけないのか、走ってはいけないのかを伝えるようにしましょう。

「マナーを身につけさせる」というと、なんだか大それたことを教えなくっちゃと身構えてしまいます。けれど、公共の場では走り回らない、勝手に商品を持ってこない、見た本・使ったおもちゃは戻すなど、その背景にあるのは「他者への思いやり」です。「誰かに怒られるから」「お母さんが怖い声を出すから」やめるのではなく、「みんなが気持ちよく過ごせるために」ルールを守るのだと伝えていけたらいいですね。そんな、人への優しさ、配慮が快適な社会を作るのだという「本質」の部分を根気よく話していきましょう。

Q14

上手なしつけ、賢いしつけ

いつもべったりしてきて、うっとうしい

もうすぐ5歳になるというのに、うちの子（息子）は私にベタベタしてきてうっとうしいほどです。同じくらいの子どもは女の子でも、もう少ししっかりしているように見えます。自立させるには思い切って突き放した方がいいのでしょうか。何歳くらいで子どもは自立するのでしょうか。子どもの甘えを親はどこまで受け入れたらいいのでしょうか。

A

何か不安を感じているから、まずは受け入れて

回答・内田良子さん

なにをもって「自立」というのかはなかなか難しいことですが、子どもがベタベタしてくることと、「自立」とは分けて考えるべきだと思います。

子どもがお母さんにベタベタしてくるとき、密着してくるときは、子どもの側には必然

性があります。いつからベタベタしてくるのか、どういうときにベタベタするのかについて、まず子どものようすを振り返って考えてみて欲しいと思います。ずっとそうなのか、ある時期からであれば、そのときにお母さんに何か変化はなかったか……。

例えば、弟や妹が生まれたことで赤ちゃん返りをするとか、妊娠の後期にお母さんのお腹が大きくなってきて、抱っこしたり遊んだりできなくなってベタベタしてくると、「妊娠のせいかな」と気づくのですが、お母さんが妊娠していることにお母さん自身が気づいていないときに、「ひょっとしたら」と思っている程度のときに、あるいはつわりで気分が悪くなって吐くという段階で、子どもがベタベタしてくるというのも実は多いのです。

その後、妊娠がはっきりして出産までの間もベタベタする子は多いですね。生活の中でのそれまでのお母さんのようす、子どもに接する態度が変わったために、違和感や不安感を感じて密着したがるのです。

子どもは親との距離が非常に近く、親に保護されて生活していますから、親の変化にとても敏感です。親に少しでも変化があると違和感を感じて不安になって密着してきます。親に自覚がないことでさえも、子どもは読み取っています。そうした意味で、子どもが甘えだした時期に、転居とか、祖父母の病気や介護に手をとられたなど環境条件や生活の中での変化があったかなかったかを、よく振り返ってみてほしいと思います。

それから、短期的にベタベタするときは、子ども自身の体調が悪い場合もあります。保育園や幼稚園、お稽古《けいこ》ごとなどに行きたくないのに、行かされているときもベタべたすることがありますから、いろいろな状況が考えられます。

5歳くらいでベタベタしてくるのは、環境要因と生活上の変化が起こったときに起きやすいことですから、「自立のために」と思って突き放したりすると、子どもはさらに不安になって密着が強くなります。子どもは不安だから密着する、密着したら受け入れてもらった。受け入れられたことで、安心して離れていくことができるのです。ですから、まとわりついて来たときは、たとえその原因がわからなくても、何か必然性があるのだろうということは理解して欲しいと思います。「何かあったの?」と尋ねてもいいでしょうが、まずは受け入れることです。受け入れることによって、子どもが何を必要としているかがわかるわけで、突き放してしまってはわからなくなってしまいます。

最近の親御さんは、子どもが親に親和的な感情を持って近づいてくると「甘え」と捉《とら》えます。しかも、その「甘え」を否定的に捉える人が増えています。しかし、子どもが密着したがるというのは、親子の関係性の表現としてはとても大事なことです。それを「甘え」という形で、あたかも「問題に準ずる行動」であるかのように捉えない方がいいと思います。特に幼児期の子どもはそうです。

そう考えてくると、「好きなだけ甘えさせる」という言い方をする親の状況が私には気になります。子どもが何かして欲しくて近寄って来るときにちゃんと受け入れられる相互関係があるのなら、「好きなだけ甘えさせる」というような義務的な発想にはならないはずだからです。甘えてくる子を「うっとうしい」と思うお母さんは、もしかしたらお母さん自身の体調が悪かったり、嫁姑関係や夫との関係がうまくいかなかったりなど、余裕がないのかもしれません。

例えば、子どもを叱ったり、叩《たた》いたり、傷つけるようなことを言ってしまうときはどういうときでしょうか？　余裕があるときは受け入れられるのに、余裕がないときはしつけを口実に叱ってしまいがちですね。「うっとうしい」と感じたり、「好きなだけ甘えさせる」というような感情があるときは、自分のことをちょっと振り返ってみることも大切だと思います。そうした発想をする親は、親の側に受け入れられないような生活の状態や心の状況があるのではないでしょうか。

Q15

上手なしつけ、賢いしつけ

子どもをもっと上手にコントロールしたい

言うことを聞かなかったり、いつまでもわがままを言ったり、ぐずぐずしていると、ついつい子どもをどなってしまいます。わかってはいるのですが……。子どもをもっと上手にコントロールすることはできないものでしょうか?

A

わかっていてできない、のあなたご自身を解放して

回答　大村祐子さん

わたしも二人の息子を育てているとき、子どもがわたしの思うようにならないときには、いらいらしたり、嘆《なげ》いたり、怒っていました。そんなとき、わたしはわたし自身を、いえ、正確に言うと、わたしの感情をコントロールできたらと、どんなに願ったことか！　なぜって、わたしが子どもに対してしていたことは、子どもの特性、子どもの性質、性向をみ

きわめて、その良さを認めるとか、それを生かしてその子らしくいきいきと生きることができるように……そう考えてしていたことではなかったのですから。ですから、「こうした方がいいわね」とか、「それはこんなふうにしたら良いわよ」「今それはふさわしくないから、こうしましょうね」というように教え、導き、促す……ことができませんでした。

とにかくわたしの考えるようにして欲しい、わたしが望むような子どもになって欲しい、わたしが願うようにふるまって欲しい……ただただ、それだけでした。わたしがしていたことは確たる信念があって、明確な考えがあって、しっかりした目標があってしていたのではなかったのです。……子どもを自分の思うようにしたい……それだけでした。

そんなわたしの言うことを、子どもが聞くわけがありません。わたしが強《し》いたことは正しいこと、ふさわしいこと、善きこと、美しいことではありませんでしたから、それを子どもはちゃんとわかっていたのですね。

良かれと思い、ある考えを持って子どもに示したことがあったとしても、わたしの考えどおりにいかないと、わたしはすぐに心を乱し、怒り、激昂《げきこう》して感情のおもむくままに振舞っていました。もっと冷静に、穏《おだ》やかに、明るくできたらどんなによかったことか！

そんな数年を過ごしたのち、ある出来事をとおして（よろしければ、小著『わたしの話を聞いてくれますか』(ほんの木刊)をお読みください。そのいきさつを詳《くわ》しく書きました)、わたしは気が付いたのです。わたしの言うことを聞かない、わたしの思い通りにならない子どもに問題があるのではなくて、問題はわたし自身のあり方なのだということを。

ようやく目覚めたわたしは、わたし自身を変えたい、わたし自身を成長させたいと強く願うようになりました。そうして、シュタイナー教育とその根幹を支えているルドルフ・シュタイナーの思想に出会ったのです。「願えば叶《かな》う」というのは真実ですね。

シュタイナーの思想を学ぶこと、シュタイナー教育を学ぶこと、そしてそれを実践することは「自己認識を獲得する道を歩く」ことに他ならないということにも、わたしは気付きました。そうしてわたしは期せずして、「自分を知るための道」を歩きはじめたのです。

つらい道でした。険《けわ》しい道でした。ときには暗く、光が射すことのない道でした。砂漠のように乾ききった道でもありました。獣《けもの》がうろつきまわる道でもありました。わたしにとって自分を知る、自分の真の姿を見るということは、それほど困難なことであったのです。

それでもわたしは「人間はいつでも正しくなければならない」「人間は善だけを行わなければならない」「人間はどんなときにも美しくあらねばならない」「人間は他者のために生きなくてはならない」……というように、「……でなければならない」「……であってはいけない」「……であるべきだ」という考えに縛《しば》られ、自分がそうできなかったにもかかわらず、できない自分に目をつむり、気が付かないふりをし、いえ、もっと始末の悪いことに、できているつもりになって（できていないことはわかっていたのに、それさえも気付かないそぶりをしていたのです）、子どもに同じことを強いていたのです。

まずわたしがしようとしたことは、そういう自分を許すことでした。自分を許すことができなければ、人を許すことはできないと考えたからです。けれど、自分を許すことはとても難しいことでした。わたしは許されることを知りませんでしたから……幼い頃、わたしは両親からも、教師からも、シスターからも、神父さま（わたしはミッションスクールで学びました）からも許してもらったことがなかったように感じていました。（真実はわかりません。子どもの頃のわたしがそう感じていた、そう思い込んでいただけかもしれません）

あなたの問いを読んで、わたしは30年前の自分の姿を思い出しました。「わたしと、ぜんぜん違うわ」と思われたらごめんなさい。

あなたは今、苦しんでいらっしゃるのではないでしょうか。わかっていてできないのは、子どもではなくあなたご自身なのではないでしょうか。そして、あなたはそれをうすうす感じていらっしゃるのではないでしょうか。ですから、この問いを送ってくださったのではないでしょうか。コントロールできたらいい、と願っているのは子どもではなく、あなたご自身の感情なのではないでしょうか。

1日に1回でもいいのです。空を見てください。雲が流れていますか？　その雲の上にいるご自分を想像してください。次に、雲の上にいるあなたが、ここいるあなたを見てください。雲が浮かんでいなかったら、遠くのビルの屋上でも、高い木のてっぺんでも、煙《えん》突《とつ》の上でもいいのです。そこにいるあなたが、ここにいるあなたを見るのです。

そんなことをして、わたし自身を知ることができるの？　とお思いになるでしょうね。おかしな方法だと思われるかもしれませんが、ぜひ、試してみてください。一ヶ月、三ヶ月、半年続けたら、ご自分を、自分で作った枠からはずし、もっと自由な目で見ることができるようになることでしょう。ぜんぜーん効果があらわれないようでしたら、他の方法をお教えしますから、お便りくださいね。

Q16

上手なしつけ、賢いしつけ

「なぜ？」「なぜ？」のしつこさにまいっています

子どもが「なぜ」「なぜ」としつこく聞いてきます。昨日答えたことなのに、今日もまた聞いてきました。最初は子どもが聞いているのだからと、まじめに答えていたのですが、だんだん面倒になってきましたし、本当に聞きたいから聞いていると言うよりも、ただ遊んでいるような気がします。

それでも、まじめに答えなければいけないのでしょうか？

A

「なぜ？」を会話を楽しむきっかけにしてみてください

回答・藤村亜紀さん

「なぜなぜ攻撃（？）」を連発する時期、うちにもありました。

ありが虫を運ぶのを見て「なんで？」「エサにするんだよ。おうちに持って行ってみんなで食べるんだね」

木から葉っぱが落ちるのを見ては「なんで？」。「枯れて落ちちゃったんだねえ」。抱っこしている私の眉毛《まゆげ》をむぎゅっと摑《つか》んで「なんで？」。「……いや、これはなんでと聞かれても……」。答えに窮《きゅう》することもありました。

思うに子どもは、大人が考えているほど、ことの真相や真理が知りたい訳じゃあない気がします。これは自分の身の回りに興味を持った成長の証《あかし》なので、喜ばしいことです。ですが、聞かれたことに対してきっちりと真実を教えなくてはと、まじめに捉《とら》えすぎてしまうと、だんだん疲れてくると思うんです。意気込みが過ぎると、何度も繰《く》り返される同じ質問が「しつこい」「めんどう」なものになってしまいます。そうなると煩《わずら》わしいからと聞こえないふりをしたり、「前にも言ったでしょ！」と叱ってしまうことになります。これではせっかくの成長を、マイナスに受け止めてしまいかねません。

そこで「なんで？」を、会話を楽しむという観点で捉えることをお勧《すす》めします。わからない質問には「わからないなあ」でもいいし、ユーモアを交えてもいいんです。「なんでかな？」と子どもに返してみるのもおもしろいです。すると子どもは想像力が豊かなので、いろんなお話を考え出すんです。

わが家ではこんなことがありました。夕方薄暗くなって家に帰る道を歩いていると、きれいなお月様が浮かんでいました。歩いても歩いても横にあります。息子はそれを不思議に思ったらしく、息子なりの超スピードでダッシュしました。しばらく走ってゼーハー言いながら振り向くと、やっぱりお月様は息子の横にありました。

「なんで?」この質問に物理(天体か?)の得意な人ならば、論理的に答えることもできます。ですが悲しいかな私にはそんな頭脳はありません。

「なんでかなあ? お月様も一緒に走ったのかなあ」

そう答える私と共に、息子も一生懸命考えをめぐらせているふうでした。

「そうだ、きっとお月様はぼくのことが好きなんだ。だからぼくと一緒におうちに帰って、ぼくんちでご飯が食べたいんだ」

そうしてその夜は、自分たちのごはんのほかにお月様の分も用意して、ついでに月のウサギに、にんじんもお供えして、お月見しながら食事をしたのでした。

こんなふうに子どもの「なんで?」から新しい発見が生まれたり、夢が広がったりすることもあります。これは会話を広げるきっかけ、コミュニケーションにもってこいのチャンスです。「なんで?」と来たら「待ってました!」と元気に応えてください。

Q17

上手なしつけ、賢いしつけ

息子を甘やかせすぎでしょうか？

そろそろ3歳になるのですが、甘えん坊の息子がいます。私がつい甘やかせてしまうせいかもしれませんが、心を鬼にして独り立ちをさせるべきでしょうか？

A

2歳代まではべったりしていてもいいと思います

回答　汐見稔幸さん

2歳代くらいまではべったりしていてもそんなに心配はありません。ただし、本当は子どもは一人でできるのにいつも親がやってあげたりとか、ちょっとした失敗に親が過剰に反応してしまい、子どもが（不安があったら親に抱きついていればいいんだ）と言うようなことをあまりにも多く学習し過ぎると、やはり自立のチャンスは減ります。

赤ちゃんのときから上手にいたずらをさせてあげたら、比較的早く離れてくれるものです。例えば、赤ちゃんが何か自分の好きな活動をやり始めたときに、あれこれ言わないで、温《あたた》かいまなざしで見ててあげる。失敗したときだけ「大丈夫？」と言ってやる。泣いたときは飛んでいって「大丈夫？」と気持ちを満たしてあげることは大切ですが、普段は距離をとって見ててあげる、という関り方が自立への近道です。

そのようにして、自分のことはどんどん自分でやってご覧なさい、というふうなことを丁寧《ていねい》にしていれば、それほどべたべたしてこないものです。

けれども、子どもがちょっと失敗するたびに、「だいじょうぶ〜？」と親がコミットしすぎると、子どもはそういう反応をあてにするようになります。例えば、外で知らない子どもがいて一緒に遊ぶのが不安なときに、子どもは「ママー」と言ってきます。

そのときにいつも抱きしめてしまうと、少しずつ親から離れることを学ぶチャンスがうばわれていくのです。そのままずっとお母さんのそばにいると安心なんだということで、家からもお母さんの元からも、出て行かないことが最近は起こりがちです。

質問のこの子は4年間近くそういうことを学習してきたわけですが、子どもの方もプライドが出てきていますので、あんまりお母さんにべたべたも恥ずかしいという気持ちもそろそろ出てくるはずです。5、6歳になると少しずつ離れていきますけども、今までは子どもに任せておこうという気持ちが少なすぎたのかもしれないと少し意識的に、距離をとってあげてほしいと思います。「自分でやってごらん」と言って、自信をつけさせていくことです。そうすると少しずつ離れていきます。

子どもによっては、もともと甘えん坊のタイプの子もいます。ですから育て方だけの問題だけではありません。でも甘えん坊の子どももいずれは自立していかなければなりませんから、無理に突き放すのでなく、少しずつ自分でできるように親の方で配慮して、これくらいは自分でできるはずだ、と思ったことについては「やってごらん」と温かくそばに付いていてあげる。

できたら「あら、できたじゃない」と評価して、自信を育てていく。それが大事だと思います。

Q18

上手なしつけ、賢いしつけ

子どもが性器を触るのですが？

4歳半の息子は最近、性器をよく触《さわ》ります。恥ずかしいのでやめさせたいのですが、うまくいきません。正直に言うと、そんな息子がちょっと怖いです。もしかしたら性のこともある程度教えた方がいいのでしょうか。

A

男女ともによくあること。神経質にならないで

回答　汐見稔幸さん

性器をいじると気持ちが落ち着くということは、かなりの子にみられます。男の子も女の子も不安なことがあると性器いじりするのは、ちょっと快感も得られて、自分が落ち着くからです。

「あんまりおちんちんばかり触るんじゃないよ」という程度は言ってもいいですが、だい

たい何か不安があってそういうことをしていると考えられますから、不安そのものがとれないと、性器いじりはなかなか止まりません。

性器いじりをそれだけやめさせようとしても、あまり効果がないものです。子どもの指シャブリと同じようなものと考えてください。指シャブリをやめさせようとしても何か不安が原因の指シャブリがあれば簡単にはやめません。そうやっているときには自分の世界に入れるわけですから、そのうちに卒業するだろうと思って、あまり神経質にならないことです。

また、性教育は子どもの興味に応じてやればいいでしょう。「赤ちゃんはどこから生まれてきたの？」と聞いてきたら、興味を持ちだしたんだなぁと思って、絵本を使って教えてあげたり、お風呂に入ったときに、この間から生まれてきたんだよ、と教えてあげるとか。

子どもが軽い興味でそれ以上のことを知りたがっているわけでもないのに、どんどん教える必要はないですが、逆に隠すと、子どもなりに（親に変なこと聞いたのかな）ということになります。過剰に反応する必要はありません。知りたいことに応じてあげればいいのです。

第3章

生活習慣とテレビの影響

これでいいのだ

日の出と共に起き
morning!
日の入りと共に眠る生活
See you
朝ごはんも早くすみ
いただきまーす
地球温暖化も防げるぞ
ああなんたる健全なる日々
冬は日暮れが早い夕方五時就寝
どんどん
宅急便です
集金でーす
回覧板です

Q19

生活習慣とテレビの影響

子どもは何時間くらい眠ればいいの？

5歳の息子はだいたい夜9時前に寝ますが、朝6時前には起きてしまいます。もう少し寝ていてくれれば楽だなあと思いますし、睡眠時間が短いようにも思います。昼寝をする日もありますが、毎日必ずというわけではありません。

幼児に必要な睡眠時間は11時間から12時間とか、大きくなるにしたがって睡眠時間は減っていくといいますが、子どもはどのくらい睡眠時間をとっていればいいのでしょうか？

A

「午前10時～12時の間に眠気がない」が目安です

回答・神山潤《こうやまじゅん》さん

睡眠については子どもか大人かを問わず、「適切な睡眠時間を確保すればいつ寝てもいい」と多くの方がお考えなのではないでしょうか？　しかし、体の中に組み込まれた生体時計（体内時計）の性質を考えると、ヒトは朝明るくなったら目覚め、夜暗くなって眠っているときに、その能力を最大限に発揮できるのです。

最近、4～6歳の子どもの行動に関するアンケート調査を生活習慣との関連で分析したところ、「規則正しく早く寝る」「朝早く起きる」ことが、「睡眠時間が多い」ことよりも子どもの問題行動を減らす可能性が高いことがわかってきました。つまり、「睡眠時間を確保すればいつ寝てもいい」ということは必ずしも正しくないのです。

ただ、睡眠時間の長さが大切ではない、と言っているわけではないので誤解しないでください。そうではなく、多くの方が感じていらっしゃる以上に、朝の光や夜の闇《やみ》が大切なことを知って欲しいと思います。そしてもちろん、その方にとって必要な睡眠時間をしっかりと確保することが重要なのです。

といっても、睡眠を専門的に研究してきた私にとっては、あるヒトに必要な睡眠時間がどのくらいかを決めることは、とても難しいことだというのが正直なところです。大人の場合にも10時間睡眠が必要なロングスリーパー（長時間睡眠者）と、4時間で十分なショートスリーパー（短時間睡眠者）がいるように、必要な睡眠時間には個人差があるからです。ですから、何歳だから何時間寝ないといけないということも一概に決めることはできません。3歳児でも10～15%は昼寝をしない子がいます。目安として1歳児で11～13時間、1歳6ヶ月～3歳児で約12時間という数字が挙《あ》げられますが、絶対に数字にとらわれないでください。

では、何を目安に必要な睡眠時間を考えればいいのでしょうか。これについてもまだわからないことが多いのですが、しかしヒトは一日に2度眠気が強くなる時間帯があります。午後2時前後と明け方の午前4時前後です。この時間には眠気が強くなるため、さまざまな事故、作業ミスも多く発生します。つまり、午後2時に眠くなったら居眠りをする、すなわち昼寝をするほうがいいでしょう。昼寝は文化的な影響も受け、スペインのように「シエスタ」と称して昼寝を容認している地域も数多くあるくらいです。

午後2時前後に眠くなるのは、昼食を摂《と》ったせいと考えている方が多いかもしれませんが、昼食をとらなくとも、また食事を一定の時間おきに与えても、午後の2時前後には眠気が強くなります。食事のせいばかりではなく、身体のリズムとしてこの時間帯にはヒトは自然に眠くなるのです。

逆に言えば、午前10時～12時はヒトという動物がもっともはっきり目覚めていてしかるべき時間帯です。そこでこの時間帯に眠気がなければ、その方の眠りの量、質、そして生活リズムには大きな問題はないと考えてよいのではないかと私は考えています。

もしもこの時間に眠気がある場合には要注意です。眠りの量、質、そして生活リズムについて見直す必要があります。ただし、1歳代ではまだ午前寝をするお子さんも多いので、午前中のようすで眠りの量、質、そして生活リズムについて判断ができるのは2歳以降のお子さんと考えてください。

Q20

生活習慣とテレビの影響

何時に寝て何時に起きるのがいいのでしょう？

友だちのお母さんから、「子どもは夜8時前には寝かせた方がいいよ。それ以上遅くなると脳や体の発達に影響ができるかもしれないんだって」と言われました。でも、私の場合は仕事の都合で、どうしても9時前に寝かせることは無理です。子どもは何時に寝て何時くらいに起きるのがベストなのでしょう？

A

大切なのは時間ではなく、「朝の光」を浴びること

回答・神山潤さん

「早寝早起きの目安は何時ですか？」というのは、よく尋ねられる質問です。しかし私は数字を申しあげることはありません。意地悪をしているのではなく、申し上げることができないからです。なぜかというと、大切なのは時間ではなく、「朝の光」を浴びることだ

からです。

早起き早寝が重要なのは（早寝早起きではないことにご注意ください）、ヒトという生物がそのように作られているからです。

昔から「早起きは三文の徳」と言われているからとか、道徳的、倫理的理由から私は早起き・早寝・朝ごはんの重要性を述べているのではなく、ヒトという生物は早起き・早寝・朝ごはんが実行できているときに、もっとも有効にその潜在能力を発揮できるような仕組みになっているからです。

その理屈をわかってくだされば、数字に意味のないことがおわかりいただけると思います。

Q21

生活習慣とテレビの影響

夜ふかしの習慣がついてしまったのですが

夫の帰りが遅いので、5歳の子どももこれまで夜中の11時から12時くらいに寝かせていたのですが、子どもには早寝早起きが大切と聞き、さっそく実行しました。ところが、9時に布団に入れても、もぞもぞしていて、結局寝付くのはいつもと変わらない時間になってしまいます。真っ暗にしても、しばらくすると起きてきてしまいます。夜ふかしの子を早く寝かせるにはどうしたらいいのでしょうか?

A

朝早く起こすことから始めてください

回答・神山潤さん

人間は夜になると眠り、朝になると目覚めるという、ほぼ一日を周期とする「睡眠覚醒《かくせい》のリズム」がありますが、他にもこのように一日を周期とする生体のリズムがあります。

その代表的な例である体温は明け方に最低になり、午後から夕方になると最高になって、一日のうちで約1度もの変化を繰《く》り返しています。つまり、目が覚める直前から上昇し始め、体温が下がり始めると眠くなるというふうに、人間の体はできているわけです。赤ちゃんは眠くなると手足がぽかぽかしてきますが、それは、体温がピークに達した後に放熱を始めた時期に入ったわけですから、眠りに落ちやすい時期になっていることを示しています。

しかし、多くのヒトの生体時計の周期は、地球の1日である24時間よりも長いので、簡単に生活習慣の悪循環（夜ふかし↓朝寝坊↓慢性の時差ぼけ↓眠れない）に陥《おちい》ってしまいます。早寝早起きをするには、この悪循環を断ち切らなければなりません。そのためにはまず、早起きをし、朝日を浴びることが生物学的な意味からも重要です。また、現実にも昨日まで深夜0時まで起きていた子どもを、今日から午後8時に寝かせようとしても無理です。まずは朝しっかりと起こし、昼間は連れまわして身体を動かし、その結果早寝を期待するという段取りが理屈に合っています。まずは朝早く起こすことから始めて、結果的に夜早く寝てくれることを期待するのです。

ただし、これはあくまで理屈ですから、2〜3日でリズムができるなどとは考えないでください。生体時計のリセットは、生後3〜4か月でできるようになりますので、この時期が子どものリズム形成のためには重要なポイントになるので、夜ふかしの習慣がついてしまった子どもを早起き早寝にするのは大変な作業です。2〜3週間は当たり前、時には数ヶ月も努力を続けなくてはならない場合もあります。せっかくついた早起き早寝の習慣も、クリスマスやお正月にはすぐに元に戻ってしまうこともあるのです。

でも、そのときはまた努力してください。24時間周期の地球で生きる動物である人間の潜在能力は、朝の光を浴び、昼間行動し、夜、暗い環境で眠ることで最大限に発揮されるのですから。

また、早寝についていえば、眠るまでの段取り（入眠儀式）を整えることが大切です。最近は、Tシャツでそのまま寝る子がいますが、寝間着に着替えることは大切な入眠儀式になります。「寝間着に着替えると寝る」という習慣性とリズムをつくるのです。それから、寝る前に子どもをだっこをして「テレビくん、おやすみ」「冷蔵庫くん、おやすみ」「電子レンジくん、おやすみ」と家中を回って寝かせると、ころっと寝る子もいるそうです。小さい子どもならこれも有効でしょう。それぞれの家で工夫して入眠儀式をつくってみてください。

Q22

生活習慣とテレビの影響

テレビやビデオは何時間くらいまでならいいの？

5歳の男の子ですが、私が忙しいときにはついついテレビやビデオを見せています。だらだらテレビを見てしまうようになってしまったので、小学校に入る前に見る時間を決めたいと思っています。一日にどのくらいの時間なら見てもいいのでしょうか？

A

習慣としてだらだら見るのはやめる

回答・片岡直樹さん

日本小児科学会は、テレビやビデオの内容に関係なく、2歳以下の子どもの長時間の視聴に注意を促しています。また、日本小児科医会は、1日2時間まで、テレビゲームは一日30分までと提言しています。

私もこうした意見に基本的には賛成ですが、さらに、生後1年くらいまでは、テレビをつけておくこともやめた方がいいと考えています。テレビの映像を私たちは立体的なものとして見ていますが、実際は平面です。大人は過去の体験を再確認しながら映像を見ているので、平面だけれども、そこに映し出されている物や人が立体的であったり、空間の奥行きを感じられます。しかし、乳幼児にはそうした経験がありませんから、頭の中に映像が何の意味もなく直接入っていきます。実際の体験がないままに映像だけが入っていくことは、子どもがさまざまなことを認識する発達にとってとても怖いことで、人間としての通常の発達をゆがめる可能性があると思います。

例えば、最近、空間を認知できない子どもや立体感覚がわからない子どもが増えていますが、こうした子どもにはテレビやビデオなどの電子映像メディアの悪影響があると考えられます。

同じようなことは視覚だけでなく、聴覚でも起こります。普通、私たちは音を前からも後ろからも、小さい音から大きな音まで、いろいろな種類のものを立体的に聞いています。ところが、電子映像メディアからは一方向からだけ音が出ているのです。つまり、非常に不自然な状態で子どもが育つことになるわけです。

いい番組、勉強になるビデオかどうかや、クラッシック音楽であるとか童謡であるとかは関係なく、自然にない音、自然でない空間に子どもを置くことはできる限り避《さ》けるべきです。その意味では、テレビやビデオだけでなく、小さな子どもにはラジオもステレオもやめるべきだと思います。

しかし、電子映像メディアが、通常であれば体験できないこと、知ることができないことを教えてくれることも確かです。映像メディアという文化が実際にある現代においてはすべてをダメだとは言いません、ただ、それは生活の中のごく一部であるべきだということです。5歳くらいになったら、親と子どもで合意してある時間帯を決め、好きな番組や見たい番組を選んでみるのは悪くないと思います。

すべての子どもに何分以内とか何時間以内というように統一したことはいえませんが、ある時間を決めて見る。それが終わったらスイッチを切る。当然、ある日は多少見ても、別の日は全く見ないこともあるということであれば、そう問題はないと思います。つまり、無制限に日常的に見ることはやめるべき、ということです。

それから、テレビゲームやコンピューターゲームは10歳くらいまではやめた方がいいと思います。最近、脳を鍛《きた》えるゲームや家族や友人みんなで楽しむゲームがはやっていますが、私はその効果に疑問を持っています。家から出られないお年寄りが、そうしたゲーム機を使い手や体を動かしたりして、それをきっかけに声を出したり書いたりと、五感を使うのであればいいのかもしれません。しかしそれも、それをやることで友だちと競争したり、話をしたりするから活性化するのであって、ゲームだけの効果だとは考えにくいと思います。また、お年寄りは長い経験をすでに持っていますし、やるにしても一日のうちの限られた時間だと思います。

子どもが手だけを動かすような新しいゲームをする場合には、それだけでなく、ゲームと連動して五感を使うような何をするかが大切でしょう。ゲームをやる時間の10倍も20倍も体を使う外遊びをしたり、人とのコミュニケーションをとる必要があります。体を動かし、人と会話をすることのほうがはるかに頭を育てます。家族や友人と遊ぶのであれば、ゲーム機に頼るのではなく、会話をしたり、トランプをしたりと他にも方法はいくらでもあります。

なお、五感を使うと言っても特別なことをするわけではありません。たくさんあるおもちゃを片付けて少し広い場所をつくって赤ちゃんが自由に動けるようにしたり、もう少し大きくなったら公園や児童館に連れて行き、あまり細かいことを言わずに、子どもがやりたいことをできるだけ好きにやらせてあげれば、子どもは自然に五感を使い、育てていきます。

ついでに言いますと、携帯電話も保護者に居所を知らせるという目的に限定すればいいでしょうが、10歳くらいまではコミュニケーションのツールとしてメールを使うのは反対です。コミュニケーションの基本は人と対面することです。小さいうちは、まずそのことを学ばなければなりません。それができるようになる前にメールで連絡をとったりすることを優先させると、人と人とのコミュニケーション能力の発達を妨げる可能性があります。不特定多数とのメールによって犯罪に巻き込まれる可能性もある、ということも含めてやめるべきでしょう。

子どもはテレビやゲームやビデオが好きだと思っている親が多いのですが、親と一緒に遊んだり、ホットケーキを焼いたり、親の手伝いをすることのほうが、本当は楽しいのです。親とそういう時間が過ごせないからテレビやビデオを見ているのであって、決して好きで見ているのではありません。事実、子どもが親を手伝ったりすることの楽しさを覚えたら、テレビやビデオを見ることを忘れてしまいます。

Q23

生活習慣とテレビの影響

テレビが言葉遅れの原因になると聞きました

子どもが静かにしているので、テレビやビデオをよく見せていますが、言葉が出にくくなることがあると聞きました。そんなことがあるのでしょうか?

A

「新しいタイプの言葉遅れ」が増えています

回答　片岡直樹さん

私は小児科医になって40年になりますが、30年ほど前に比べて、近年、親や同年代の子どもとコミュニケーションをとるのが苦手な子どもが急激に増えています。もっとも深刻な子どもたちは、親やまわりの大人からの呼びかけに無表情で、反応ができないコミュニケーションが苦手な子どもが急激に増えていることに危機感を覚えています。

当時は大学病院でも、コミュニケーション不良児は年間1人か2人でした。統計的に見ても子どもの2500人から5000人に1人くらいの割合だったのです。それが最近では、100人に1~2人と急増しています。

さらにコミュニケーション不良児ではないのですが、言語理解に乏しく、友だちと遊べない、また気に入らないとすぐにパニックになるといった、いわゆる多動児の傾向を示す子どもが10人に1人といわれるほど増えています。これは、昔に比べ信じられないような状況です。どうしてこのような変化が現れたのでしょうか。

コミュニケーション不良児には次のような症状があるとされています。

①親からの呼びかけや、あやしかけに対しての反応に乏しい。
②周囲に関心を向けようとしない。
③言葉の発達が遅い。
④言葉を習得しても上手にコミュニケーションがとれない。
⑤物事の順序や配置に固執《こしつ》する。
⑥一定の物事に強い興味を示す。

こうした子どもたちの普段の生活を細く聞くと、明らかな共通点がありました。生まれてすぐにテレビやビデオがついている環境で育ってきた、または生まれたときにはテレビがなくても、生後半年〜1年の間くらいからテレビ漬《づ》けになっていて、母親など生身の人間との情緒的な関わりが非常に乏しい、という事実です。

問題はテレビやビデオの内容の善し悪しではありません。どんなに優れた内容であっても症例は同じです。

こうした親子にテレビを消して母と子一対一で遊ぶように指導をすると、子どもの年齢が小さいときほど、劇的に改善します。それまでコミュニケーションがとれないと言われていた子が、1か月テレビをやめたら見違えるように表情が豊かになった事例もあります。

このように知能が正常であるのにも関わらず、言葉がしゃべれなかったり、上手にコミュニケーションがとれなかったりする子どもを、「新しいタイプの言葉遅れ」と、私は呼んでいます。「新しいタイプの言葉遅れ」の子どもたちの原因にはテレビやビデオなどメディアの影響があると私は考えています。もしその傾向が現れているなら、より確実な回復を促すために次のことを実践してください。

1、テレビは消しましょう

できるならテレビをなくすのが最善。「新しいタイプの言葉遅れ」を回復させるためには、家庭から追放してしまった方が確実。

2、一つの番組を見終わったら、必ずスイッチを切りましょう

次から次への連続視聴をしないことが大切です。一つ見終わったら、最低でも見ていただけの時間は、テレビのスイッチを切っておく。

3、ながらテレビはしない

食事をしながら、家事をしながら、テレビゲームをしながらなど、ついつい〝ながら〟のおかげでつけっぱなしになってしまうのがテレビです。見ているだけではつまらない、ほかに何かをしたくなるような番組だったら、スイッチを切りましょう。

4、録画しての繰《く》り返し視聴はしない

子どもの場合の長時間視聴をもっとも助長するのは、ビデオに録画したものの繰《く》り返し視聴です。「同じものばかり見て、何が面白いのだろう」と、思いますが、子どもは、コミュニケーションを得られない穴埋めに刺激の垂れ流しに心身をさらしているのです。

5、市販作品は買わない

どうしても見せたい作品は、レンタルですませましょう。市販作品は、繰り返し視聴になりがちです。

6、子どもと向かい合って遊ぶことを厭《いと》わない

子どもたちは、お母さん、お父さんとの遊びを求めています。ごっこ遊び、ゲーム、散歩、そのほか何でも、お母さんやお父さんが全身で向かい合ってくれることが子どもたちにとっては最良の遊びであり、もっとも意味深い教育です。

7、抱っこを惜《お》しまない

忙しいときに限って、「抱っこ」を求めてくるのが子ども。お母さんやお父さんの愛情を確認したいからにほかなりません。温《ぬく》もりというコミュニケーションに満足すれば、子どもは意外に短時間に親の腕から離れます。「テレビでも見ていなさい！」という言葉は、子どもからコミュニケーションの意欲を奪います。

8、一緒に絵本を読む

子どもたちは、生の声が大好きです。一緒に絵本を開いて、子どもとやりとりをする。絵本は、豊かなコミュニケーションを演出する格好の材料です。

9、歌を唄ってあげる

歌は子どもの心を深く刺激します。言葉にはあまり興味を示さない段階であっても、歌なら真似て唄うということがあります。

10、添い寝してあげる

乳幼児にとって、添い寝は大切です。寝入りばなの行き交いは、心のもっとも深いところでのコミュニケーションをもたらします。

12、家庭においても戸外においても、常に言葉で語りかける

「これは何々だよ」「あれはな〜に？」と、あらゆる場面で、惜しまずに言葉を行き交わせましょう。言葉を受け止めるたびに、子どもは自分からも言葉を発したいという意欲を膨《ふく》らませるようになります。

13、ごっこ遊びや見立て遊びに導く

ごっこ遊びや見立て遊びは、抽象的思考力の土台を築き、想像力・創造力を高めます。別のものと見立てて遊ぶということは、人間にしかできない高度な遊びです。

14、テレビより実体験を共有する

実際の体験や行動をお母さんやお父さん、兄弟姉妹と共有して味わう本物の感動があってこそ、子どもの感情は豊かに育ちます。感情が豊かになることと言葉が豊かになることは、まったく同義だといってよいくらいです。子どもは感動・感激を上手に表すことができませんが、心の奥底に〝原体験〟を刻《きざ》んでいます。

15、機嫌がよいお母さん、お父さんでいること

機嫌がよいとき、人の共感力は高まり、コミュニケーションがスムーズになります。機嫌が悪いと、共感力は低下し、ほかの誰かからのコミュニケーションを拒絶しがちになります。子どもは親の機嫌、とくにお母さんの機嫌にとても敏感です。お母さんの機嫌が悪いとお母さんから遠ざかり、心を閉じてしまう子が少なくありません。〝いわゆる手のかからないイイ子〟はその典型。

そうそういつも機嫌よくはしていられないのが現実なのかもしれませんが、子どもたちにとって最大の頼りであるお母さん、お父さんが不機嫌にしていたら、いったい誰に心を開いたらよいというのでしょう。

第4章
食生活と病気への心構え

新作？

Q24

食生活と病気への心構え

成長期の子どもにふさわしい食事とは

わが家の食事は、朝はパンと牛乳とサラダと果物、昼は軽い物ですが、夜は子どもが好きな肉団子やハンバーグ、カレーライス、スパゲッティなどが中心になっています。健康のことを考えると、もう少し魚や野菜も入れた方がいいのでしょうか、それとも体が成長する子どもにとっては、こういった食事のままでもいいのでしょうか?

A

ご飯を中心にした粗食にできるだけ切り替えて

回答　幕内秀夫さん

「朝食はパン」に慣れてしまっている家庭は多いと思います。パンと牛乳なら楽だというのもわかります。夕食が遅いお父さんには、朝からご飯は重いかもしれません。でも、子どもは遅くても夜7時くらいには夕食をとっているはずです。翌日の朝食までに12時間は経っているのですから、子どもはご飯が食べられます。大人と一緒にしてはいけません。もしも仕事や他の家事で忙しいのであれば、朝からご飯を炊《た》き、みそ汁を作ることはありません。保温釜《がま》（ジャー）に入っている前の晩のご飯と、前の晩の多めに作ったみそ汁を温めなおせばいいのです。そこに買ってきた漬《つ》け物、焼き海苔《のり》、いつもテーブルの上にあるふりかけ、納豆や煮豆でもあれば十分です。手抜きでもなんでもありません。

さて、食事の基本は「水」と「でんぷん」です。この二つの要素さえとっていれば、体に必要なものはある程度まかなえます。ただし、同じ「でんぷん」でも、ご飯、そば、ラーメン、パン、パスタ、お好み焼きなど、いろいろな種類があります。それらの中から、どれを選ぶかによって食生活は全く違う結果になります。

例えば、パンやパスタを主食にすると、ハムやベーコン、ソーセージ、チーズなどの食肉加工品や乳製品が多くなります。また、ご飯、そば、ラーメン、パスタなどは60～70％の水分を含んでいますが、パンは30％程度しか水分を含んでいませんから、唾液《だえき》が吸収されてパサパサに感じます。そこで、マーガリンやバターが必要になります。

さらに日本のパンは、食パンでもたいがい砂糖が入っています。砂糖、とくに白砂糖はほぼ糖質１００％で、他の栄養素はほとんど含まれていない極めて特殊な食品です。砂糖が体内で吸収され、代謝される際にはミネラルやビタミン類が必要になるのですが、食品自体には何も含まれていませんから、体内の栄養素を使うことになります。

幼児期から砂糖の入ったパンを食べていると、将来、甘いお菓子を必要とする可能性が高くなります。

さらに、食パンを手で握ってみると一枚がピンポン玉程度ですから、お腹が持たなくなってお菓子を欲しがることになります。

また、パンにはきんぴらゴボウやサンマの塩焼きは合わないので、野菜や魚介類などを好まなくなる一方、パンの副食はサラダにドレッシング、ハムエッグ、オムレツ、野菜炒めなどになり、魚介類ではマリネやツナ缶などになります。

こうした食品は油だらけです。ご飯食だと副食がみそ汁や漬け物になって塩分が多いからと、健康のためにと思ってパンを食べている人がいます。それが甘いパンだったりするのでは、逆効果、おかしなことになります。

マヨネーズやドレッシングをかけたサラダを朝から子どもに食べさせているお母さんがいますが、サラダの野菜は量があるように見えても火に通してみればわずかな量です。子どもからすれば、マヨネーズやドレッシングを舐《な》めているようなものです。ラーメンやパスタはいうまでもなく油だらけの食品です。それならば、タンパク質や脂質の多い豆類を醗酵《はっこう》させた醤油《しょうゆ》や、みそを使ったみそ汁を作った方がはるかに体によいことは明白です。

最近は幼児の肥満や高脂血症が増えています。その要因には脂質のとりすぎがあります。パンやラーメンといったカタカナ食品を常食にしていると、脂質のとりすぎにつながります。

また、パンやパスタ、スパゲッティ、スナック菓子などは、米と違い加工品です。加工品には保存料、防腐剤《ぼうふざい》などの添加物もたくさん使われています。

このように様ざまな意味からやはりご飯が一番よいと思います。

Q25 スポーツ飲料はよくないの？

食生活と病気への心構え

スポーツ飲料はよくないと聞きましたが、それはなぜでしょうか？　運動したり、汗を流したあとにスポーツ飲料を飲むと、水分の吸収が早いから体にとってはいいのではないでしょうか。もしもスポーツ飲料がダメなのなら、子どもは何を飲むのがいいのでしょう。

A 最適な飲み物は水です

回答　幕内秀夫さん

いま、全国の子どもの食事で私が一番気になるのは飲料水です。肉や魚の添加物の危険性もありますが、子どもは水分への欲求が強いので、飲料水は切実です。かつては水や麦茶やほうじ茶だった飲み物が、すっかり清涼飲料水、スポーツ飲料、乳酸菌飲料になってしまいました。1・5リットルや2リットルの大きなペットボトルをケースで買う家庭もあります。

飲料水の中の砂糖はお菓子の中の砂糖よりもはるかに吸収が早く、血液中の糖を急激に上昇させます。それを正常に戻すためにインシュリンというホルモンが出るのですが、いつも飲料水を飲んでいるとインシュリンが浪費されて、糖尿病になりやすくなります。甘い物を大量に取ることで血糖値が下がり脳にダメージを与える「低血糖」や、イライラや記憶力低下、怒りっぽくなるビタミン・ミネラルの欠乏を起こりやすくしている日常的な食品は、清涼飲料水とインスタント食品です。

清涼飲料水や缶コーヒーには大量の砂糖、ブドウ糖、果糖が含まれていますから、大量に飲んでいると砂糖あるいはブドウ糖・果糖などをとる量が多くなり、エネルギー源となる血糖が高くなります。そのため、ご飯の量は少なくなり、インスリンが過剰に分泌され、低血糖症が起こりやすくなるのです。各地のスーパーのようすを見ていると、近いうちに子どものアトピーの時代は終わり、糖尿病の時代がくると思っています。子どもにとって最適な飲み物は水です。水は熱量がないので、しっかりご飯も食べられます。水では可哀想だと思うのなら、麦茶やほうじ茶・番茶にしてください。

食生活と病気への心構え

Q26 子どもが偏食で困っています

子どもが偏食で、いつも同じ物しか食べません。特に青物野菜がまったくダメのようで、魚もほとんど食べません。トマトスープで煮たりといろいろ工夫はしてみるのですが、食べないのです。叱って食べさせるのは嫌なので、さりげなく食べさせたいのですが、何かいいアイデアはありませんか?

A 偏食で悩むことはありませんよ

回答　幕内秀夫さん

「いくら工夫をしても子どもが野菜を食べてくれない」「偏食《へんしょく》で困っている」と、日本中どこに行ってもお母さんから聞きます。「もっと料理を習っておけばよかった」というお母さんもたくさんいます。ところが、そういうお母さんに「偏食で何が困っていますか？」と聞いてみると、お母さんが作った料理を食べないだけで、ほかには格別困っていることがない場合がほとんどです。

幼児期や小学校低学年の子どもは、ふりかけをかけてご飯ばかり食べたり、納豆をかけてご飯ばかり食べていて、何かのおかずを残しているというのが普通です。大人と同じようにおかずを食べる子どもはほとんどいません。しかも、だいたいはネギやピーマン、セロリ、シソ、ラッキョウなどを残し、ジャガイモ、サツマイモ、トウモロコシ、カボチャなどを好むケースが多いようです。卵焼き、甘いお菓子類やジュース、アイスクリームなどが好きな場合も多いと思います。

つまり、個人差はありますが、子どもが好きな物は空腹を満たせる熱量（エネルギー）の高い食物だということです。だから、子どもはご飯ばかりを食べ、おかずに好き嫌いがあるのです。それは偏食ではありません。もしかしたら、子どもの体が「小さな胃袋では熱量の高いものだけでいっぱいだよ」と訴えているのかもしれません。

もう一つ言えるのは、子どもが好きな食品は「でんぷん」を多く含んでいるということです。

「水」と「でんぷん」さえ食べていれば、体に必要なものはある程度とれます。それがわかっているから、子どもはご飯ばかり食べるのです。しかし、それだけでは十分ではないので、補うために副食が必要になります。野菜や魚介類を食べさせる努力は必要ですが、食べないからといって叱るのではなく、ご飯ばかり食べる子どもをほめてあげてください。「でんぷん」をしっかりとらなければ、その仲間の果糖や砂糖をとりたくなります。ご飯を少ししか食べなければ、お菓子やジュースを欲しがるようになるということです。それは糖尿病への道です。

幼児期にはお母さんがよそったご飯を残すことがあるでしょう。たいがいのお母さんは「残さないで食べなさい」と叱ります。食べ物を大切にするという意味では叱ってもいいのですが、むきになって叱るほどのことではありません。保育園や幼稚園でも、ほとんどの子どもが給食を残しているのを見るとわかるように、子どもは自分の体調と運動量から食べる量を自然に決めているのです。

ですから、食べる物が偏《かたよ》っていても気にする必要はありません。子どもの食事は質においては質素でよく、量についても考えなくてかまいません。

Q27

食生活と病気への心構え

子どもの食事で気をつけることは?

離乳食が終わり、ようやく私たちと同じ物が食べられるようになりました。健康づくりは食事からと思い、これまで以上に料理をがんばるつもりです。子どもの健康のために気をつけることはどんなことですか?

A

小学校に入るまでの食事がその子の一生を決める

回答　幕内秀夫さん

健康のために食事からという考えはとても素晴らしいと思います。他の質問へのお答えとダブる事もあると思いますが、箇条書きにしてお答えします。

その前に、多くの育児の専門家が「つ」がつくまでの習慣が一生を決める、といいます。ひとつ、ふたつ……九つまでが大切だという意味です。九歳までに、私の住んでいた町にはファストフードの店がなかったから、私はいまも食べたいと思わないのです。つまり、小学校に入るくらいまでの食事が、その子の一生を決めてしまう可能性があるということです。

子どもを健康にする食事をまとめました。すべてをすぐに実行することはできないと思いますので、まずは①から③まで、それができたら④から⑥までをやってみてください。

①ご飯をしっかり食べさせる。

おかずは残してもいいから、ご飯はしっかり食べさせてください。子どもはご飯が大好きです。

②飲み物は「水・麦茶・ほうじ茶」

子どもにとって最適な飲み物は水です。水では可哀想だと思うのは大人の勝手な思いこみです。しかも水なら熱量がないので、しっかりご飯も食べられます。水道の臭《にお》いが気になるなら、麦茶やほうじ茶・番茶がいいでしょう。

③朝食は「ご飯・みそ汁・漬け物」

朝はご飯、みそ汁、漬け物をきちんと食べることから始めましょう。ふりかけ、納豆、梅干しでもあれば立派な朝ご飯です。

④カタカナ主食は日曜日

子どもの健康にとって大切なのは「油脂類」と「糖類」を減らすこと。それには、パン、ラーメン、パスタなどのカタカナ食材を主食にしたままでは難しい。かといって全てをやめるのも非現実的です。そこでメリハリをつけて、カタカナ主食は日曜日にとることにしましょう。

⑤子どものおやつは食事

成長期の子どもにとって、おやつはお楽しみではなく4回目の食事です。甘いお菓子やジュースではなく、おにぎりと水がベストです。うどんやそば、イモ類もおすすめ。手作りでなくても、いいものが売られています。

⑥食事はゆっくり楽しく

食事は楽しみの場です。がみがみ叱ったり、テレビをつけて子どもの気が散らないようにしましょう。

⑦ご飯は未精製の穀類

ご飯はすばらしい主食ですが、未精製米（玄米）のご飯にするとさらに優れています。五分づきくらいのご飯は、食べやすく、胚芽《はいが》やぬかに栄養素も残っています。

⑧副食は野菜を中心に

子どもにとっては、みそ汁、漬《つ》け物も野菜料理です。それ以外には、煮物、和《あ》え物、お浸《ひた》しなど。サラダや野菜炒《いた》めは控えめに。

⑨動物性食品は魚介類を優先

魚介類は値段で選ぶのがいい。値段が高い魚ほど養殖が多いので、薬漬けの可能性も高くなります。動物性食品は卵くらい、添加物を含むハム、ソーセージはやめましょう。

⑩食品の安全性にも配慮しましょう

①から⑨を見直した上で、無理のない範囲で、添加物や遺伝子組換えを避《さ》けるなど、食品の安全性にも配慮したいものです。

Q28

食生活と病気への心構え

野菜を食べさせるには

5歳になる息子は肉が大好きで、ハンバーグや空揚げはいくらでも食べるのですが、野菜はほとんど食べません。野菜を食べさせる何かいい方法はありますか?

A

こんなお話を聞かせてあげてください

回答　大村祐子さん

わたしたちは実に贅沢《ぜいたく》な悩みを抱えているのですね。食事どきに、わたしも孫たちに「たくさん食べて、いい子ね」なんていう言葉を口にすることがあり、「なんということを言っているのだろう!」と思うことがあります。

野菜を食べないのは、他に口当たりのよいもの、おいしいと感じるものがあるからでしょう。おなかが空いていて、もし野菜の他になにもなければ野菜を食べるのではないでしょうか。いちばん簡単な方法は、ハンバーグやから揚げを食べて、野菜を食べないのなら、食卓にハンバーグやから揚げを出さなければよいのです。簡単といっても、2、3日は出された野菜も食べないかもしれません。「ハンバーグが食べたい」「から揚げがいい」「おかあさんのいじわる」と言って、騒ぐかもしれません。そのときが正念場！　子どものそんな状態に、あなたが耐えられるかどうかにかかっています。

……何も食べないと体力がなくなる、元気がなくなる……と心配になるでしょうね。でも、ふだん蓄《たくわ》えているものもあることですし、人間はそんなに簡単に弱るものではありません。

けれど、これは荒治療ですから、最後の方法にとっておきましょうね。まず、お話をしてあげたらどうでしょうか。ペダゴジカルストーリーを語るのです。子どもが「ああ、おかあさんの言うようにしよう」とか、「もう、けっしてそんなことはしない！」とか、「約束したことは絶対守るんだ！」と、子ども自身が心からそう思える……そんな魔法の物語を語るのです。

コツは……「物語を聞かせて、ぜったいわたしの思うとおりにさせるんだ！」と意気込まないでください。物語自身に語らせ、あとは物語の持つ力に任せるのです。ですから、あなたは淡々と語るだけでいいのですよ。

これまでも、「ニンジンがきらいな子どものため」のお話や、「食べ物の好き嫌いが多い子どものため」のお話を書きましたが（小著『子どもが変わる魔法のおはなし』ほんの木刊）……あなたのお子さんにはこんなお話はどうですか？

健太君は元気なこども！　お日様のひかりの下で、まいにち元気いっぱいあそんでいます。ところが、こまったことが一つだけありました。それは…健太君は野菜がきらいで、ちっとも食べない…ことでした。今日も夕飯の食卓に、健太君がすこしでも野菜を食べるようにと思って、おかあさんはおいしく炊《た》いてくれています。「健太君、今日、スーパーにいったらとってもきれいな赤いにんじんと、とってもみずみずしい緑色のインゲン豆があってね、健太君が食べたらどんなに元気になるだろう、って思ったからたくさん買ってきたのよ。ちょっぴりやわらかく煮たから食べてみて！」とおかあさんが健太君に話しました。「いやだ！　ぼくハンバーグだけ食べる。だってハンバーグはおいしいけど、野菜おいしくないんだもん。それに野菜はへんなにおいもするし…ぼく野菜だいきらい！」そう言って、ハンバーグをぱくぱく食べ始めた健太君は、野菜には見向きもしません。おかあさんはちいさなため息をつくと、それきりだまってしまいました。でも、とっても悲しそう！

その晩、健太くんの天使のもとに、天のおつかいがやってきました。そして健太君の天使に言いました。「いよいよ来週にせまったが、準備はよいか？」「いいえ、まだ準備はできておりません。健太君がおおきな病気にかかり、元気に動き回れなくなるなんて…こんなに外で遊ぶことが大好きな健太君にとって、それは大きな悲しみ、苦しみになることでしょう。なんとか病気にならない方法はないものでしょうか？」

天のおつかいが答えました。

「生まれてからこれまで、健太君はほとんど野菜を食べたことがない。野菜はきらいだと言って肉ばかりを食べてきた。おまえも知っているとおり、人間の身体は野菜から命の力をもらわないと生きてゆかれないのだ。だから野菜を食べない健太くんの身体はだんだん力を失い、来週にはもうひとりで立ち上がれなくなるだろう。病気にならない方法はたった一つ…健太君が感謝して、喜んで野菜をたべること…それ以外にはない」

「わかっています。これまでもずいぶん努力して、野菜をたべるように言ってきましたがだめでした。あと1ヶ月お待ちください。必ず健太君が感謝して、喜んで野菜をたべられるようにいたします」「うーん、それはわたしの一存で決めることはできない。もう一度、天に戻って神さまにうかがってみよう」

そう言って、天のおつかいは戻っていきました。

それからどうなったか……「未来のかがみ」をのぞいてみますか？　ほら、見えるでしょう？　健太くんの前にほうれん草、さつま芋《いも》、しいたけ、大根…野菜がたくさん入ったスープが湯気をたてています。

健太くんはそのスープをニコニコしながら食べていますよ。そう、健太君は野菜を食べるようになったのです。…わー、びっくり！…その秘密を教えてほしい、ですって。健太くんの天使が天のおつかいの話を健太君にしたのです。ほんとうは話してはいけないことなのですが、天使はもうそれしか方法がないと思ったのですね。それにしても、よかった、よかった！

その鏡のなかに、元気で動き回っている健太君の姿が見えますね。

食生活と病気への心構え

Q29 薬をできるだけ飲ませたくないのですが

病気になっても風邪薬（抗生物質）や解熱剤、下剤など、なるべく薬を飲ませたくないと思っています。薬に頼らないで病気を治すにはどういった方法がありますか？

A 病気は子どもが自分で治すものと知ってください

回答・真弓定夫さん

子どもが病気になると、すぐに病院に連れて行き、注射や薬をもらわないと落ち着かない親御さんがいますが、病気は本来、医者や薬で治すものではなく、子どもが自分で治すものだということを知ってください。

病気にかかったときには、発熱、下痢、嘔吐《おうと》、鼻みず、せき、喘鳴《ぜんめい》（呼吸時のぜいぜい・ひゅうひゅうという音）などの症状が出ますが、これらはすべて病気を治すための生体反応ですから、これらの症状が出たからといって、すぐに医者にかかる必要はないのです。

しかし、そのまま放っておいていいわけではありません。こうした症状が出たら、体から失われていく水分をまず補給することです。「子どもの主食は水である」と言われるように、健康な子どもは大人よりもたくさんの水分を必要としています。大人が体重1キロに対して30～50CCなのに、小中学生では50～80CC、幼児では80～100CC、乳児では100～150CCにもなります。この中には食べ物に含まれる水分も含まれていますが、体重1キロあたりに必要とする水分量は、赤ちゃんは大人の3倍にもなるのです。

健康なときでもこれだけの量が必要なのですから、いろいろな症状が出たときにはさらに必要になるわけです。心臓や腎臓《じんぞう》の悪い子の場合は別ですが、そうでなければつとめて水をあげてください。

病気とその回復についてわかりやすいように感染症について考えてみますと、多くの病原体やウィルスは高温に弱く、低温に強い特性があります。例えば、O-157はセ氏72～73度、2～3分で死んでしまう菌ですが、冷蔵庫の中では生きています。そうした菌が体内に入ったら、体は菌を殺そうとして体温を上げます。ですから熱が高ければ高いほど早く治るわけです。体温が39度、40度になったときに、解熱剤を使って体温を下げて喜ぶのは熱の出ている子どもではありません。体の中のばい菌です。

同じように、お腹の中にばい菌が多いと体は早く外に出そうとしますから下痢になります。ですから下痢の回数が多ければ多いほど早く治ります。そこに下痢止めを使うと、ばい菌がどんどん増えてしまいます。突然死で圧倒的に多いのは、こうした逆さまの治療が原因です。熱が出て下痢をしてるときに早く熱を下げ、下痢を止めるために薬を飲むと症状がとれるので1日で治っているように見えます。

しかし、同じ病気でも私のところにこつこつ来てくださる方は4日かかって治します。でも、薬を飲んで治した子どもは同じことを年間に何度も繰《く》り返しますが、4日かかって治った子どもは、病気にかかる頻度《ひんど》がだんだんと低くなっていきます。

病気を治すというのは決して症状を止めることではなく、症状が出る前の体の状態に戻すことです。つまり、熱や下痢や嘔吐によって失われたものを足すことが基本的な考えです。こうした症状によって失われるのは大量の水ですから、上手に水を補うのです。

問題は体温が普段から低い子どもです。低体温の子どもは病気を自分で治しにくいので、医者にかからなければなりません。

子どもの普段の体温は最近になるにつれてどんどん下がっています。その最も大きな原因は、外気と家の中の温度差です。

そこで、外気と室内の温度差を少なくし、薄着の習慣をつけることが大切です。温度差は「大人でセ氏10度、子どもは5度」が望ましいのです。

過度の冷暖房は免疫力を低下させる大きな要因です。生まれたばかりの赤ちゃんが小さい場合、その赤ちゃんを救うために温度を調節した保育器に入れますが、過度に冷暖房で室温を調整した部屋で子どもをずっと育てることは、保育器の中で育てられているようなものです。それでは子どもの心身が脆弱《ぜいじゃく》になってしまいます。

また、子どもの病気はこころの問題が8割ですから、マイナスイメージを子どもに送らないことも大切です。暖房のきいた部屋の中でテレビゲームをやっていて、鼻水すら出ない子は弱い子どもです。

一方、外が0度で雪が降っているときに、薄着で飛び回っていれば鼻水が出るのは当たり前です。ところが、鼻を垂らした元気な子どもに、風邪を引いたとかいうマイナスイメージをお母さんが与えると、本当に風邪になってしまいます。

また、「薬」も必要です。「薬」という文字は上に草冠、下に「木」が入っているように、ごはん、野菜、海藻をたっぷりと、果物や木の実を少量楽しんで、体を楽にするのが本当の「薬」ですから、普段からこうした食事をこころがけてください。

こうしたことをよく知って対応していれば、医者を訪れる頻度は大幅に減るはずです。大事なのは病気の知識ではなく病気への知恵です。病気に対する余分なイメージを取り去り、知恵をしっかり持った上で、病気のことを知れば安易に医者にはいかなくてすむようになるでしょう。

繰《く》り返しますが、病気は医者が治すのでも、薬が治すのでもありません。子ども自身が治すのです。私は「小児科は病気を治すところではありませんよ」とはっきりといっています。子どもが治す、それも治すのではなくて、治るのです。

大事なのは、治るような環境づくり。それ以前に、病気にならないような環境づくりを親がするということです。どんなものを食べ、どんなものを着せるか、何を整えるのかが親のつとめです。

Q30

病気への心構え

予防接種には問題があると聞きました

3種混合、2種混合、日本脳炎、インフルエンザなど、子どもが受けることになっている予防接種はたくさんありますが、予防接種には問題があるという方がいます。受けなくてもいい予防接種があるのでしょうか？ また、予防接種で注意することがありますか？

A

予防接種は必要ですが、同時に内因を高める生活を

回答・真弓定夫さん

病気の原因には内因と外因があります。外因とは細菌やウイルスなどの病原体、排気ガスなどによる空気の汚染、冷暖房などの室内空気の変化、石油化学繊維による衣料の着用など、外から入ってくる原因です。こうした外因は確かに重要ですが、マスコミの報道な

どでこうしたことしか報道されていないことは問題だと私は思っています。

外因に対して、自分で体を治す自然治癒力や免疫力などの内因があります。もしも自然治癒力が高ければ、外因である細菌やウイルスなどが体内に入ってきても、それをはね返して病気になることはありません。そうした内因を高めるには、生活環境と生活のリズムを整えることが不可欠です。生活環境は過度の冷暖房をしない、食事への注意、化学繊維による衣料はできるだけ避《さ》けると言ったことで、生活のリズムの基本は「早寝早起き」をすることです。生活のリズムが崩れると、自律神経のバランスが悪くなり、免疫力が低下してしまいます。

内因を高めるには、妊娠中から注意している必要があります。人間はお母さんの中の一個の卵子が、約280日間の間に3000グラムもの重さになって生まれてきます。これは約30億倍にもなったということです。これだけでも、いかに妊娠中の態度が子どもにとって大切かわかるでしょう。

そうした意識をしっかりもって妊娠、出産、子育てに臨《のぞ》んでいるのであれば、私は予防接種などはまったくいらないと思います。しかし、現代ではそうした生活をしようと思っても、非常に難しくなっています。そうであれば、やはりすべての予防種接は受けるべきだというのが私の考えです。

しかし、いつも予防接種に頼っていては、子どもの体は健康になりません。

例えば、外因である感染症では、インフルエンザやはしかのウイルスによって発症しているというよりも、免疫力が弱まっているから発症するわけです。免疫力が高ければ、実は、そうしたウイルスが体内に入れば入るほど発病する頻度《ひんど》は低くなるのです。たくさんのインフルエンザの患者さんに会って治療している医者が、インフルエンザにならないのは、その年にはやっているインフルエンザのウイルスを、診察を通してたくさん吸うことで免疫ができるからです。接触する頻度が高いから病気になる頻度が低いのです。逆にいえば、ある感染症にかかりたくないならば、予防接種ではなく、病気の原因のばい菌やウイルスにたくさん接触することなのです。ばい菌やウイルスに触れる機会が少ない子どもは、触れたときに発病する可能性は高くなる。つまり、家の中にいるよりも、外遊びなどをどんどんしている子のほうが病気になりにくいのです。

ところが、予防接種に頼っていると、予防接種はしたけれども、その予防接種と別のタイプのインフルエンザになってしまうということも起こります。また、予防接種による副作用にしても免疫力の強い人と弱い人では、その出方が違ってきます。予防接種を受けるにしても、やはり内因をしっかり高めることを考えなければなりません。

それには、食べ物であれば、自分で集められる範囲＝行動半径にある範囲内のものを食べること。たとえば、関東地方に住んでいる人たちは本来どのようなものを食べるべきか考えてみます。東京もかつては豊かな土があり、木が茂り、小川が流れていたはずです。そこで育ったものとしては野菜、木の実や果実、海の恵みである小魚、海草、貝類です。こうしたものが関東地方に住んでいる私が本来食べるべき基本の食事ですから、ここを基本にして何を食べたらよいのかと考えていけばよいのです。

それから旬《しゅん》の食べ物をとることも大切です。もう一つは、何日たっても形も崩れなければ、色も変わらない食べ物はできるだけ避《さ》けることです。その土地のその季節で採《と》れる物を食べるのなら、食べる品目は少なくなりますが、季節の移り変わりによって旬の物を食べていれば、一年間にはかなりの種類の食品を食べることになります。その方が、一日何品目と決めた食事よりも豊かな食事です。

土地と季節と年齢ということを念頭におき、腐《くさ》らない物は食べない。特に乳幼児、妊娠期間中は胎児のために、できる限り地場の物、季節の物、腐る自然な食物を食べさせることです。

それから、食べ物より大事なのは水分です。水分は栄養分ではなく体を調整するために必要なのですから、エネルギーのない物でなければなりません。いまはカロリーのあるジュースなどがありますが、水やお茶がもっとも適した水分です。

また、最近は冷暖房が浸透していますが、家の内の温度と外の温度の差があまり激しすぎることは、健康上決して望ましいことではありません。外と内の温度差が少なければ少ないほど体はうまく適応できるからです。子どもの場合は、5度の差があるだけでも体調が狂い、風邪をひきやすくなります。冷暖房の完備した現代の生活では子どもの体はだんだんと弱くなり、弱くなるから室内を冷やしたり暖めたりして、さらに子どもの体が弱くなる、という悪循環に陥《おちい》っているのではないでしょうか。

部屋の温度の目安としては、子どもの場合は外気温プラスマイナス5度内、大人の場合はプラスマイナス10度内で十分だといわれています。ただし、外気温がマイナス5度、マイナス10度の地域で室温が0度やマイナス5度でいいはずはありませんから、最低でも5度くらいは必要です。小さいときに寒さにさらさないことばかりを考えるのではなく、子どもの体に抵抗力がついてくるような生活環境も大切です。

病気への心構え

Q31 よいお医者さんの選び方を教えて

大きな病院で診てもらうのは安心ですが、待ち時間が長いのが不満です。ちょっとした病気のときにすばやくかかれる小児科を探していますが、よいお医者さん（小児科医）の選び方があったら教えてください。

A 患者さんと同じ視線で対話できる医師を

回答・真弓定夫さん

よいお医者さんとは、あなたと対話ができるお医者さんです。子どもの病気のことだけでなく、暮らし方や生活のようす、悩みなども話せるようなお医者さんをみつけることです。

しかし、そういうお医者さんを簡単にみつけることはできません。対話ができるようになるには、人間関係をつくっていくことしかないからです。私の患者さんには2世代で来てくれている方もいますが、そういう方とはなんでも話すようになります。ある方は自分の友だちのことも話しますし、私の診察室の中の有様を見て「先生は内装という言葉をご存知ですか？」とまでおっしゃった方もいました。

ここまではいかなくても、気軽になんでも対話ができる小児科がいいと思いますが、やはり人間関係ができないところでいきなりはできません。赤ちゃんを何度か連れていくうちに、そうした関係をつくっていくことを考えてみるといいでしょう。また、そうした関係になるには検診が大切です。

私は薬をまず出しませんから、「とりあえず薬や注射で咳《せき》をとめ熱を下げて欲しい。そして、自分が働きに出られるように子どもを保育園や幼稚園に行けるようにしてほしい」と思っている親御さんは一度は来ても、次からは来なくなります。

その代わり、ずっと来ている人は体験をつうじて、自分の力で病気を治す処し方を身につけていきますから、病気になる頻度《ひんど》がだんだん減ってきます。逆に、薬に頼ってすぐに治してしまう子どもは、そのときにはすぐに治ってよかったと思っているかもしれませんが、何回も同じようなことを繰《く》り返すことになります。

症状を抑える薬はいくらでもありますが、病気を治す薬はありません。医者や薬が病気を治せるわけではありません。治すのは子ども自身です。そういう環境を整えていくのが、お父さんやお母さんで、そういう人たちにアドバイスをするアドバイザーが医者です。そういう医者と検診などを通して人間関係をつくってください。

対話ができる医師とは、患者さんと目の高さを同じにして、一方通行の医療をしていないということです。若いお母さんは、最初は子どもの病気にうまく対応できないでしょうから、お医者さんに叱られたり、諭《さと》されながら経験を積んでいくことを恐れないでください。

Q32

食生活と病気への心構え

虫歯にならないようにするには？

家族そろって甘い物が好きなので子どもたちが虫歯にならないように、食後の歯磨きは欠かさないように注意していますが、他に注意すべきことがあったら教えてください。

A

虫歯は生活のリズムで予防できます

回答　岩附勝さん

私たちの固い歯に穴をあけるのは簡単ではありません。それなのに、なぜ虫歯ができてしまうのでしょうか。それは私たちの歯が何十時間も、歯を溶《と》かす酸にさらされているからです。

口の中は、食事をしていない状態では中性に近い値に保たれていますが、私たちが物を食べるたびに酸性に傾きます。しかし、時間がたつと唾液《だえき》のおかげで元の中性に近い値にもどされます。このリズムが保たれていれば虫歯にはなりません。

もっとも、虫歯になりやすい病気があります。それは「唾液《だえき》」が出なくなる恐ろしい病気です。その人たちの多くは若くして歯をなくしてしまいます。なぜ唾液が出ないと虫歯になってしまうのでしょう。

それは唾液に虫歯を防ぐ力があるからです。唾液が出ないとこの力がないので簡単に虫歯になってしまうのです。またこの唾液は一人一人性質がちがいます。つまりこの唾液の量とその性質によって、虫歯になりやすいかどうかが決まります。予防を大切にしている歯科医院では、唾液の検査を行っています。

ところで、歯の表面は何かを食べればその食べ物によって流されますが、歯と歯の間はそうした刺激が届きにくいので、とりわけ虫歯になりやすくなります。きちんとデンタルフロス（歯と歯の間の汚れとり）でとらなければなりません。

子どもの虫歯を予防するのにもっとも効果的なのは、食事と食事の時間をあけることです。口の中の細菌レベルはご飯を食べると上がり、歯を磨《みが》くと下がります。ですから、細菌レベルのリズムを「上がったら下げる」という状態にしておくことが大事なのです。上がったままになっている時間が長いと虫歯になる可能性が高くなるからです。

食間があけば、歯磨きをしなくても唾液の殺菌効果によって細菌の数は減ります。逆に一番虫歯になりやすいのはダラダラ食べです。食べるときはしっかり食べ、食べない時間帯を作ることがポイントです。3時のおやつなど、定期的に時間を決めて食べるのはよいと思いますが、虫歯だけを考えるのであれば回数は少ないほうがいいでしょう。

また、デンタルフロスも大切です。もっとも虫歯ができやすい歯と歯の間には、歯ブラシの毛先は入りません。大事なことは歯の表面にくっついた細菌が増殖しようとするのを防ぐことです。一回糸でプチンと切れば、細菌の塊《かたまり》（プラークといいます）はとることができます。6～7歳になると大人の歯が出てきますが、大人と子どもの歯の間は虫歯になっては困るところですから、永久歯と乳歯の間はデンタルフロスをすることをお勧《すす》めします。6歳になれば自分でもできると思います。

あまり気にしていないご両親が多いのですが、歯の検診で一番問題になるのは、食べ物より飲み物、特にスポーツド飲料です。これを習慣的に飲んでいる子どもは、虫歯の罹患《りかん》率《りつ》が非常に高いのです。スポーツド飲料は虫歯の増殖にも向いています。甘い物には精神的な依存度がありますから、精神的な安定のために求めやすくなります。しかし、その習慣がついてしまうとすぐ虫歯になります。

虫歯にならないために私が奨《すす》めている食物は、セルロース（繊維質）を多く含む食物です。そうした食物は嚙《か》んでも嚙みきれないので嚙む訓練になりますし、飲み込むときも飲み込み方を覚えます。最近は口の中に入れておけば溶けてなくなるようなものばかり食べる傾向がありますが、口蓋《こうがい》に食べ物が触れながら入っていくというのは重要な習慣です。

口の中をガーゼで拭《ふ》くということは、歯が生える前からやらなければなりませんが、自分で歯磨きをすることは、3歳になったら始めてもいいと思います。もちろん、仕上げ磨きはお母さんがチェックしなければなりません。

夜寝る前はできるだけ長い時間磨くといいでしょう。よくいわれる3分間磨きは、子どもにとっては長いかもしれませんが、飽《あ》きるまで磨いてください。歯磨き粉をつけてると泡立ってあまり長く続けられなくなりますから、歯磨き粉をつけないで磨き、最後にほんの少し歯磨き粉をつけて、スーッとした感じを味わうだけでもいいでしょう。

1日の中で特に大事なのは夜の歯磨きです。朝までの長い時間、口の中に変化が起こりませんから、寝る段階で口の中の菌を減らしておくことが大切です。

歯磨き粉は再石灰化のあるフッ素入りがよいと思います。ごく初期の虫歯であれば、フッ素が届くことによってもう一度石灰化が起きて固くなる、つまり穴が開かなくなります。

特に歯と歯の間には効果的です。ただし、フッ素が効果を発揮するためには、歯の表面が汚れていては効き目はありません。

3歳以前は、何か食べたら最後に必ず水を飲んだりお茶を飲んで、一回口の中をきれいにし、さらにガーゼなどで拭《ふ》くのがいいでしょう。少なくとも口の中にそうしたものを入れる習慣はつけておいた方がよいと思います。

歯磨きは、歯を磨くというよりは、歯と歯の間にブラシが届くように注意して磨くと効果的です。食べ物が流れ、その刺激で細菌の層が取れてしまうようなところはあまり磨かなくても大丈夫なのですが、そのような刺激が行かないところに十分な刺激が行くように工夫する必要があります。デンタルフロスは歯磨きではとれない、歯と歯の間の汚れがよくとれます。磨くタイミングは、食後すぐではなく、食べた後の余韻《よいん》を楽しんでからで問題ありません。食後は口の中の状況が少し変わっていますから、それが落ちついてからがいいと思います。

なお、歯ブラシは、毛先がしなって細いものを使うようにしてください。

Q33 子どもの歯並びで注意すべきことは?

最近の子どもは歯並びがとてもきれいでビックリします。私の子どもの頃はそれほど一般的ではなかった矯正をしている子を見かけることも珍しくありません。乳歯から永久歯に生え変えのときに歯並びがうまくいくようにすることはできませんか。

A 生え変わり年齢になったら歯に異常がないか検査する

回答　岩附勝さん

私は地域の1歳6か月と3歳児の歯の健診（健康診査）を20年以上担当していますが、この間に、お母さんたちの歯科に対する考え方はずいぶん変わってきました。簡単に言いますと、関心が「歯」から「口」全体に、つまり、多くのお母さんたちの関心は「虫歯」から「歯並び」に移ってきているのです。

健診に行くと、たくさんのお母さんから歯並びの相談を受けますので、次に、子どもの「歯並び」で特に注意すべき点をまとめてみました。

1、歯の数の異常がないか
2、歯の形に異常がないか
3、あごが左右にずれていないか
4、あごが前後にずれていないか

これらのうち、左右のずれのある場合は、なるべく早く、小児の矯正《きょうせい》治療を実践している歯科医にみてもらいましょう。この分野は専門的には「予防・抑制機能矯正」といい、まだ、新しい分野なので実践している歯科医の数は多くはないのが実情です。永久歯になってからの矯正治療とは全く違うので注意が必要です。

こうした左右のずれは特別に設計された「機能矯正装置」で治します。まず根本的な原因をみつけるために、あごの大きさがわかるレントゲンを撮ります。このレントゲンを特別な方法で分析して治療方針を決めます。下あごが大きすぎたり、上あごが小さすぎたりという原因をつきとめます。そして「機能矯正装置」を選び、設計して作製します。これは取り外しができます。夜寝ている間と、昼間2時間くらい使用すれば効果がでます。

「矯正治療」というと歯並びの治療と受け取られがちですが、むしろ重要なのは噛《か》み合わせの治療です。噛み合わせは歯の問題ではなくて顎《あご》の問題ですから、放って置いて永久歯になってからでは治せません。いまは先延ばしにして歪《ゆが》んだまま成長させてしまい、大きくなってから外科的な処置をするシステムが普通になっていますが、ドイツの矯正学会が作った早期矯正についての指針では、上あごと下あごの発育に差がある場合は可能な限り早く治療しなさい、としています。

機能矯正の必要があるかどうかの判断は、お母さんやお父さんから見て、顎がずれている、または受け口である、というのがわかりやすいでしょう。一方、下あごが小さい場合、つまり上あごの中に下あごがすっぽり入ってしまって、前から見たり、噛み合わせたときに下の歯がまったく見えないような場合はわかりにくいのですが、これは非常に多くの問題を含んでいますので注意が必要です。

小学校に入ると1回目の検診があって、そのときに虫歯のチェックをするのですが、子ども一人一人のバランスまではチェックできません。生えてないから悪いということよりも、片方だけ遅いとか早いとか、一人の個体の中でのバランスがとれているかどうかということが大事なのですが、校医は薄暗い中、短い時間で、たくさんの子どもたちを見なければならないために、なかなかそこまでは行き届きません。

私は、子どもが6～7歳の歯の生え変わり年齢になったら、主治医の先生に相談し、レントゲンを撮って、歯の数に異常がないかどうかチェックするべきだと思います。

歯が生え変わり始める6～7歳に、レントゲンを1回撮れば、永久歯が出てくる速度もわかりますし、上あごが進んでいるのか下あごが進んでいるのか両方進んでいるのか、歯の数は全部あるか、余分な歯があるか、位置の異常はないかなど、さまざまなことがわかります。そして、この子は定期的に観察すればいいのか、急いでやらないといけないのか、1年後でいいのか、という判断ができます。

上あごの発育がいい子、下あごの発育がいい子、左右の生え方もそれぞれみな別々です。必ずしも左右対称でなかったり、根が曲がっていたりいろんな問題が起きています。それをそのままにしておくと、左右や上下のバランスを大きく崩す原因になることがあります。子どもの歯の根が長いまま残っていたら、診断して抜いて左右のバランスを整える必要があることもあります。この時点では、先生が診断してただ抜くだけで、矯正の指導もいりません。

たしざん

第5章
幼児への教育と遊び

おんがえし？
お母さんは絵本が大好き
読んでほしい子よっといでー
わーい
とつぜん鶴の姿にかわり…
じわ…
つるの
遠くの山に飛んで行ってしまいましたとさ
うわ——ん
かわいそうなおじいさん
どんどん
ハンカチどーじょ
いつもすまないねえ
さっ

Q34

幼児への教育と遊び

脳が急激に発達する時期に必要な刺激とは?

脳が急激に発達する3歳くらいまでの敏感な時期に、いろいろ教えて刺激を与えないと、その後からではもう遅いという話がありますね。どんな刺激を与えるといいのでしょうか。

A

特別な刺激は必要ありません

回答　汐見稔幸さん

脳の発達とは脳細胞同士の回路形成とその機能の向上です。脳細胞(ニューロン)には突起がたくさんあり、その突起同士が近づいて電気が通りやすい状態をつくります。これがシナプスと言われるもので、これがうまくできて機能が向上していくと脳が発達するわけです。一つの脳にシナプスは、多ければ1万個くらいできます。それぞれのシナプスに数十から1万くらいの突起のようなものがあって、これが複雑に結びついていくのです。

脳細胞は100億以上ありますから、どれだけ複雑な回路ができていくのか想像すると、気が遠くなるほどです。そして、どの子も生後10か月のときにシナプスができるスピードが最大になると言われています。

ところが、このとき一生の間には使うことのない結びつきがたくさんできているわけです。そしてあまりたくさん回路があると、複雑すぎて使いものになりません。必要な回路はシンプルな方が機能がいいわけです。

一方で作りながら、一方でこれはいらないねと、できた回路を解体していく作業が始まります。つくることと解体することが並行して進むのです。解体はシナプスを剪定《せんてい》していく作業にあたり、その作業は一生続くのです。

特に5～6歳あたりまではかなり活発に剪定していき、一度作った回路の三分の一くらいをなくしてしまうことが、最近はわかってきました。

例えば赤ちゃんが何かに興味持って活動するときに、それを支える脳のシナプスは働き始めるわけです。だから、特別な刺激を与えてあげるよりも子ども自身が自分で何かを見たり聞いたり、触ったりつかんだり食べたりといった行為を、積極的に伸ばしていくことによって、それを支える脳が機能化していくわけで、刺激はそういうことで十分です。それ以上刺激を与える必要はないし、子どもが自発的に求めているものが一番脳が求めているものです。ですから、それを上手にさせてやるという環境と、活動できるような雰囲気をきちんと作っておいてあげればよいわけです。

そういう意味ではテレビばっかり見せているよりは、匂《にお》いを嗅《か》がせたり、土の感触を楽しんだり、虫を見てびっくりしたり、そういう体験をいっぱいさせてあげた方が脳としてもバランスよく働くようになることは理解しやすいでしょう。

ただ、その時期にやっていなかったからといって、例えば自然と生後ほとんど遊んでなかったからといって、まったく自然に興味を持たなくなるかというと、そう単純ではありません。あとからでも大丈夫なのです。

Q35

幼児への教育と遊び

バイリンガルに育てたい

私は英語ができないので、これからの国際化の時代を生きる子どもには、せめて小さいときから英語のビデオやテープを聴かせて、バイリンガルにすることができないかと思っています。

A

役に立つ喜びがないと、教えても記憶に残りません

回答　汐見稔幸さん

「臨界期《りんかいき》」という考え方があります。これは、脳がかなり活発に働いているときに、あることを一生懸命やったらマスターが早いが、それ以外のときにやるとマスターするのに時間かかりますよ、という時期のことです。言葉など、分野によってはそういうものが多少あるらしいということはわかっています。しかし、言葉を早期にいっぱい与えたら早めに

話し出すかというと、そんなことはありません。

Q34で述べたように脳のシナプスの結びつきは、一方でつくりながら、一方では刈《か》り込んで整理をしています。5～6歳までにその整理が足りないと、機能の不十分な脳になってしまうということもわかってきました。それがADHD（注意欠陥多動性障がい）の原因になっているのではないかとも言われています。言葉というのは、それを使って役に立ったという歓《よろこ》びがないとマスターされません。いくら刺激を与えたからといっても、それは自分の役に立つものではないと思ったら次第に記憶から消えていきます。

例えば、アメリカで5歳まで暮らして英語がペラペラな子どもでも、日本に戻って生活したら英語が必要ないので忘れてしまいます。一年後には英語がまったくしゃべれない子になります。

つまり必要があって使えるということが意味があることだし、嬉しいことだという条件があれば幼い子は簡単にマスターします。もう少し大きくなると、これはなぜ必要なのかということを理由づけて学習しますから、別の形に残っていきますが、小さい子にいくら刺激を与えたとしても、本当に必要だと思っていなければ身に付きません。そういう早期教育はまったく意味がないのです。

Q36

幼児への教育と遊び

ダンスや芸術教育を幼児から習わせたい

部屋の中で算数の計算や国の名前を覚えさせるような早期教育はさせたくはありません。でも、3歳になったら体を動かす体操やダンスを習わせたり、音楽や絵画など芸術教育を学ばせて、豊かな感受性を育てたいと思っています。リズム感や感受性は早くから育てた方がより敏感になると思っているのですが、ご意見をうかがわせてください。

A

早期に始めて身につくのはほんの一部だけです

回答 汐見稔幸さん

たとえば、聴脳――音の聞き分けといった学習は、小さなときに周囲を静かにしておいて、チーンと音聞くと、聞き分けることに子どもは興味を持ちます。しかし、いつも騒音だったら聞きたくなくなるでしょう。ですから、騒音の中にばかりいると、聞き分ける能力は深く発達しないかもしれません。あるいは絶対音感は2歳3歳から訓練してやるとマスターが早いのですが、6歳を超えてから訓練してもまずできません。それは科学的にわかっています。

いろいろな匂《にお》いを嗅《か》ぐとか、色をいろいろ楽しむとか、そういうことをおもしろいと思い、体験することが前提であれば、そういうプロセスを通じて体で知ることで神経系の働きがよくなると思います。すべての分野とはいいませんが、リズムよく体を動かすということも小さいときから訓練されていると、年をとっても体をリズムよく動かせるということはあります。

といっても、多少そういうのが得意になる、というだけです。ですから、体をリズミカルに動かす体操や、音楽や絵画などの初歩を3歳頃から習わせたいというとき、そのやり方(指導の仕方)をしっかり聞いて、子どもの感性の発達に沿った、ていねいで無理のないやり方であればさせてあげてもよいと思います。

しかし3歳ですから、上達することを期待すると無理が生じるでしょう。楽しく遊んでいながら感覚が訓練されているというようなところがいいのです。

Q37

幼児への教育と遊び

絵本の好きな子にする方法はありますか？

絵本の読み聞かせがいいと聞いたので2歳の娘に始めてみたのですが、絵本と関係のない話を始めたり、じっと聞いていることができません。

絵本を好きにする方法はありますか？

A

子どものようすを見ながら楽しくお話をするつもりで

回答　内海裕美さん

それまで読み聞かせの習慣がなかったのに、「読み聞かせはいいわよ」と言われて急にやろうとしても、子どもがうまく乗ってきてくれないことがあります。お母さんがやりたいというだけで、子どもとのコミュニケーションがとれていないからです。

絵本が嫌いな子はいませんから、うまくいかないとしたら、与えている絵本と子どもの年齢（月齢）が合っているか、アプローチの仕方が間違っていないか、大人のエゴで絵本を読ませていないか注意してみてください。

例えば、生後11ヶ月の子どもに「桃太郎」を読みきかせてうまくいかないと悩んでいたお母さんがいましたが、これは無理です。その月齢なら、「いぬはわんわん、ねこはにゃんにゃん」「ガタンゴトン、ガタンゴトン」という音のリズムを楽しむような絵本をお勧《すす》めします。

また、絵本の読み聞かせはよいことですが、子どもにとっては体を動かして遊ぶのも楽しいことですし、パズルやカルタ、盤ゲームなども嬉びます。良いことはいろいろあります。どれを選択するかは子どもにもよりますから、子どもの気持ちを無視したらうまくいきません。その子は何をしたら楽しいのかを見ながら、電車ゴッゴをするのが好きな子なら電車に関係ある本をちょっと読んでみようかなど、読み聞かせに慣れていない子には上手にアプローチをする工夫が必要です。

最初から最後まで黙って聞かせようとすることも、月齢によっては難しいので、やりとりをすることも大切です。「あー」といって指を指《さ》したら「そうね、リンゴね」と声をかけたり、前のページに戻ってみたりという柔軟性も必要です。子どもは絵を一生懸命見ていて、大人と違うところに関心を持つので、ハチの話が出てこないのに「ここにハチがいる！」とか言い出すことがあります。そのときに「そんなことはいまは関係ないから、ハチのことはちょっと置いといて」ではなく、「あ、ハチがいたねえ」とちゃんとコミュニケーションをしてあげることが必要です。

「どうして最後まで聞かないの？」と思わずに、「ああ、こんなのもあったんだね～」とちゃんと答えてあげる。「そんなのいいからちゃんと聞いてなさい」になると楽しくなくなってしまいます。

大人はついついお話を聞かせたがるのですが、「きれいな色だね」「大きなクマだね」でもいいし、お母さんが話をつくってもいい。「なんでもあり」でいいのです。ですから、100組の読み聞かせがあれば、それぞれ全て違いますし、同じ絵本を読んでも、前の時と今回は違うかもしれません。子どもは親と違うところを見ているかもしれません。こうあらねばならないということはありません、そこが読み聞かせのおもしろいところです。

特に幼児や乳児への読み聞かせでは、最初からじーっと聞いてもらって集中するというようなことを期待しても、子どもは「冗談じゃないよ」と思うでしょう。あくまで楽しい時間として3分でも4分でもいいですし、赤ちゃんなら「いない、いないばー」だけで、

1分で終わってしまってもいいわけです。

それを繰《く》り返していると、そのうち「読んで、読んで」とやってくるようになります。

しかし、次から次へと新しい絵本を課題のように読んでいくといやになってしまいます。

つまり、あくまでも子どものために楽しい時間を提供する、というスタンスに立たないとうまく行きません。

それから、読み聞かせをするときには、子どもが集中できるだけでなく、お母さんも集中できるような環境を整えることです。適当に空いている時間を埋《う》めようというのではなく、ゆったりした気持ちで読むことです。何かを気にしながら読んでいたら、子どもは「自分の方を向いてない」と感じます。

読み聞かせは、絵本を読むことだけでなく、絵本を通じてお父さんやお母さんが自分の方を向いてくれているという心地よさが子どもには何よりうれしいのです。だから、「読んでやっているんだぞ」「さあ聞きなさい」という態度であったり、言葉を覚えさせようと思う大人の強い圧力があると、その気持ちが子どもに伝わってそっぽを向いてしまいます。

そわそわしなくてもいい時間にテレビを消して、膝《ひざ》の上に子どもを置いて、その時間を一緒に楽しむという気持ちで読むことが大切です。親が満足するために「ちゃんと聞いてなさい」という態度なら、あきらめて他の遊びをした方がいいでしょう。

4、5歳になってから始めるときは、子どもはすでにテレビやビデオの音や光の強い刺激に慣れてしまっていると思いますから、そういうものを制限しながら「違う楽しみがあるよ」、というふうに生活習慣を変えていかなければなりません。子どもは親が関わってくれる方が楽しいので辛抱強くやっていれば、テレビを消して「本を読んで」というようになります。

テレビも見ない生活をしているのに、絵本を読むと逃げちゃうというのであれば、無理強いせずに。親が絵本読み聞かせノイローゼになっては困ります。ときどき機会をつくって子どもの反応を見ながら試みればいいでしょう。

Q38

幼児への教育と遊び

子どもに合った絵本の選び方は？

3歳になったのでそろそろ絵本を読んであげようと思ったのですが、あまりにいろいろな絵本があるので、どれを選んだらよいのかわかりません。できるだけ長く読めるものをと思っていますが、どんな基準で選ぶといいのでしょうか。

A

答えはその子が持っていることを忘れないで

回答　内海裕美さん

いまは非常にたくさんの絵本がありますし、子どもによっても、お話が好きな子ども、リズミカルな言葉が好きな子どももいれば、絵が気に入る子どももいます。子どもが何を好きかを見極めるのは、普段から絵本と子どものかかわりや、子ども自身のことを知らないと難しいかもしれません。

子どもと一緒に絵本売り場や図書館に行って一緒に選んだり、幼稚園や保育園の先生に「うちの子はどんな絵本が好きですか?」と聞いてみるといいでしょう。「こういうのが好きみたいですよ」とか、「ただじっと聞くのは好きじゃないみたいだけれど、言葉遊びみたいな絵本だと参加しながら楽しんでいますよ」とか教えてくれると思います。幼稚園や保育園に行くようになれば、だいたいお気に入りは出てくると思います。

また、保育所や図書館に子どもと一緒に行って、プロにどれがいいかと聞くのが一つの方法です。それを読んでみてだめなら、その本はあきらめてまた別の本でやってみるという手もあります。

〝お勧《すす》めですよ〟という絵本をそのまま好きになる子もいます。しかし勧められたけれど「うちの子はこれは好きじゃなかった」ということもあります。好きじゃない絵本は無理矢理おしつけないことです。

動物の絵本が好きな子、車の絵本が好きな子、色のついた抽象的な絵の絵本が好きな子……いろいろあるので、いろいろな絵本との出合いを作ってあげて、どれが好きなのかをわかることも大切です。零歳児《れいさいじ》でも絵本には好みがあります。

絵本の読み聞かせの会に参加して、自分の子どもがどういう絵本に興味を持つかを、自分の目で確かめるという方法もあります。実際に、自分が読んであげると聞かないのに、読み聞かせの会だとよく聞くのをみて、こういう絵本が好きなんだとわかるということもあるものです。

それから、絵本になじみがない子どもには、誕生日に「ケーキの本」とか、きれいなお月様が出る時期に幼稚園や保育園でお月見をやったら「月の絵本」を選ぶ。卵焼きが好きなら「卵の絵本」を、クリスマスに「サンタさんの絵本」を選ぶと興味を持たせることができます。

絵本には「何歳から何歳くらいまで」という表示がありますが、それはあくまでも目安で、す。答えはその子が持っているということを忘れないでください。

テレビのキャラクターの絵本やヒーローものの絵本を嫌う人がいますが、全体のバランスが悪くなければ、それも悪くないと思います。食べ物と一緒で、好き嫌いなく食べる子もいい子ですが、ある時期に「ばっかり食べ」をする場合もあります。その意味で「アンパンマン」の絵本が好きでもいいし、ヒーローものの絵本を読んでもいいと思います。

ただ、ずっとそれだけではなく、たとえば心にしみるような絵本も読んで欲しいと思います。絵本を読むことが好きだと読書が好きな子になるというデータもあります。そういう意味でも楽しく絵本に親しむ、絵の世界や文字の世界に楽しいことがあるということを体験させることは大切です。さらに、親と子がじっくり、しんみり過ごす時間が少ないな現代だからこそ「読み聞かせ」の時間は、貴重な親子のかかわりの時間でもあるのです。

なお、小学校にあがって字が読めるようになると、ほとんどのお母さんは「自分で読めるでしょ」と言って読み聞かせをやめてしまいますが、一人で読むのと、人が声にして読んでくれるのはまた違います。

一人で読んでいるときはそこに介入する必要はありませんが、「読んで」と言ってきたら読んであげて欲しいと思います。子どもはこれは自分で読む本。これはお母さんに読んでもらう本と分けていたりします。

Q39

幼児への教育と遊び

自然素材のおもちゃが欲しいけれど高くて

子どもが生まれて、私の両親や義父母などからいろいろなおもちゃをもらいますが、はやりの電気仕掛けのおもちゃやプラスチックのキャラクターものです。私は、木のおもちゃなど自然素材の素朴なおもちゃの方がよいと思っているのですが、高くて買えません。自然素材のおもちゃではなく、普通のおもちゃでもいいのでしょうか?

A

そんなに神経質に考えることはありませんよ

回答　大村祐子さん

子どもたちが遊ぶようすを見ていると、完成されたおもちゃにはすぐに飽《あ》きてしまうことに気がつかれることと思います。反対に木切れや布、ダンボール、毛布、座布団、椅子など、おもちゃではなく、身の回りにある物を手にすると、子どもたちはさまざまに工夫し、変身させて長い時間遊びつづけますね。あなたのお子さんはどうですか？

大人が考え出したおもちゃを、子どもはおもしろいと感じないのだと思いますよ。だって、子どもはファンタジーの世界の住人なのですから、彼らの空想は果てしなく広がり、空想の余地がない完成されたものはつまらないのです。

大人が作ったおもちゃは、遊び方が決められています。そんなものはすぐに飽《あ》きてしまいます。けれど身の回りにあるものはなんにでも変えることができます。木切れは橋になり、橇《そり》になり、シャベルになり、お盆になり、楽器になります。

布はベールになり、衣装になり、カーテンになり、ひざ掛けになり、おくるみになり、バッグになり、ショールにもなります。ダンボールは家になり、ドアになり、塀《へい》になり、自動車になり、椅子は電車になり、馬になり、トラックになり、耕運機《こううんき》になり、飛行機になり……空想は果てしなくひろがり、ありとあらゆるものに変身します！

わたしが考えても、どんなにか楽しいことか！　と思います。ですから、自然素材で作られたおもちゃを買い与えなければ……でも、高価だし……なんて、考える必要はないと思いますよ。作られたおもちゃなんて、子どもは必要ないのです。もちろん、目新しいおもちゃに心引かれることはあるでしょう。でも、見ていてごらんなさい。きっとすぐに飽きてしまいますよ。

　ですから、おじいちゃん、おばあちゃんが下さるおもちゃの影響をそんなに深刻に考える必要もないのです。いただいたら「ありがとう」と言って、受け取ったらいいのです。お子さんがおじいちゃん、おばあちゃんから愛情を注がれることはとても素晴らしく、またありがたいことなのですから。それに、おじいちゃん、おばあちゃんにとっても孫たちに愛情を注ぐことができることは嬉しいことのなのです。

　こんなふうに考えたのですが、いかがでしょう？　おじいちゃんとおばあちゃんにいただいたおもちゃは「じいばあ箱」と名づけて別にしておいたらどうでしょうか。時々思い出して、子どもたちはその箱に入っているおもちゃで遊ぶこともあるでしょう。いいじゃありませんか！　たまに電気仕掛けのおもちゃや、プラスチックのおもちゃで遊んでも……。

　それとも一つ、おもちゃを入れる箱を用意して、それにお子さんの名前をつけて、お子さんが集めた木切れ、布、石、貝殻《かいがら》、松ぼっくりなど……を入れておいたらどうですか？

　これほどの物質至上主義の時代に生まれることを選んだ子どもたちです。少々のことは覚悟して生まれてきたはずですし、そんなことで大きな悪影響を受けはしないと思いますよ。それに、前述したように、そういうプラスチックやキャラクターのおもちゃはすぐに飽きてしまい、長い時間遊ぶことはないと思います。子どもたちは自分で見つけた、おもちゃとも呼べない物を気に入り、大切にして長い間遊ぶことでしょう。そんな子どもたちのようすを見て、おじいちゃん、おばあちゃんも「おもちゃはたくさん要らないんだ」と気がつかれるのではないでしょうか。

最近、「子育て本」に自然な暮らしをしている、自然素材で作られたすてきな服を着た素敵なお母さんが紹介されてます。子ども部屋の窓には自然素材で染められたやさしいカーテンをかけ、リネンの寝具の上にはシュタイナー人形を寝かせ……美しい木製のキッチン、本物のような調理器具、花模様が描かれた陶器《とうき》のティーセットが並べられているのを見ると、とっくに子育てを終えたわたしでさえも思わずため息をついてしまいます。まして、今子育て真っ最中のお母さんならだれでも、「いいなあ、わが子にもこんな環境を与えてあげたいなあ」と切望することでしょう。

そうできる人はしたらいいのです。環境を整えることはとても大切なことです。リズムのある生活も、添加物の入っていない物を食べさせることも、自然素材のおもちゃを与えることも、大切なことです。

　でもね、子どもがいちばん欲しがっているもの、必要なもの、大切なものは「無償の愛」なのですよ。子どもがどんな状態のときにも、あなたがどんな状態でいるときにも、家族がどんな状態であろうと、世界がどんなに変わろうと、周囲の大人から変わることのない愛を注がれることこそが、子どもにとってもっとも大切なことだと、わたしは考えています。

　おもちゃのことをそんなに神経質に考えることはありません。子どもと一緒にいること、生きることを、もっともっと楽しんでください。「ああしてはいけない」「こうしないと駄目」「こうしなければ」と決してご自分を縛《しば》らないでください。ご自分も苦しくなりますし、子どもも、周囲の人もみんな息苦しくなり、生きていることが楽しいと感じなくなってしまいます。

第6章 幼稚園や保育園での悩み

たまには

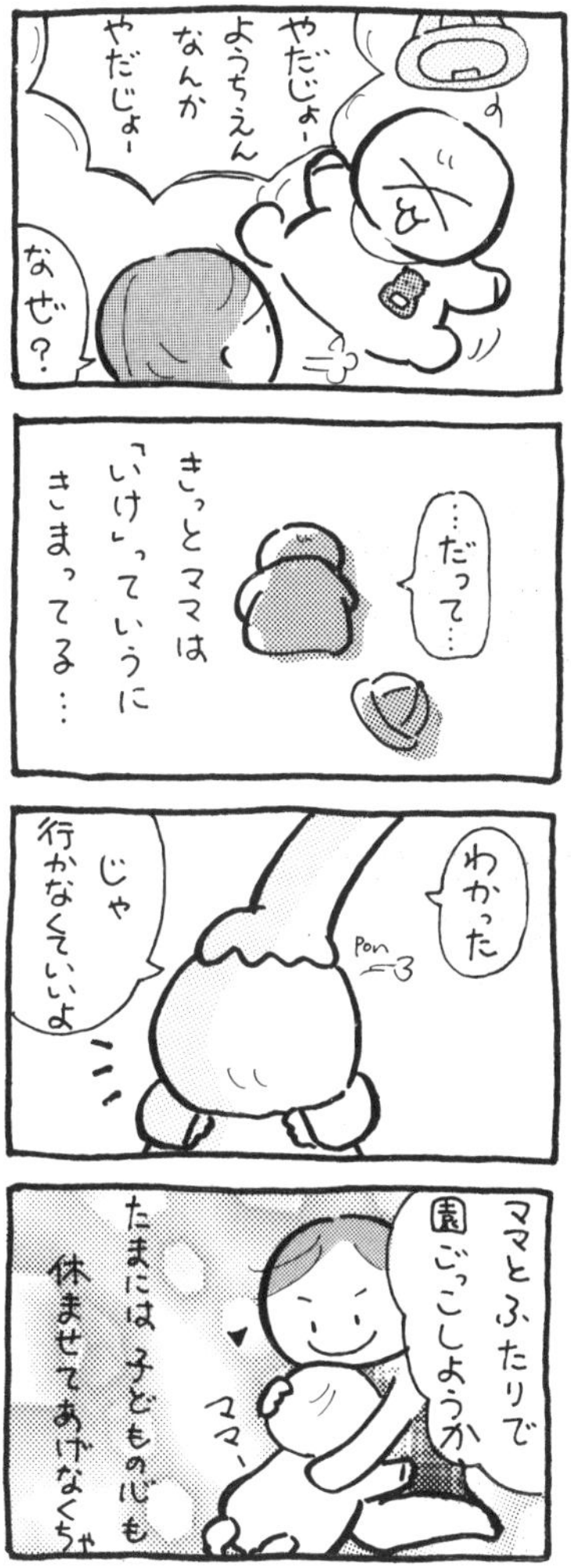

やだじょー ようちえん なんか やだじょー
なぜ？
…だって…
きっとママは「いけ」っていうにきまってる…
わかった
Pon
じゃ 行かなくていいよ
ママとふたりで園ごっこしようか
ママー
たまには 子どもの心も休ませてあげなくちゃ

Q40

幼稚園や保育園での悩み

園を選ぶときに注意すべきことは？

来年から幼稚園に行かせようと思っているのですが、園を選ぶときに注意すべきことがあったら教えてください。

A

子どもの見る目、感覚を大切に

回答・内田良子さん

最近の親は自由保育をする幼稚園よりも、通常保育の中で知的な教育をするのと同時に、放課後にスポーツや体操教室もやってくれるような幼稚園を好むようになってきています。それから早期教育で英語を教えてくれるとか、文字や簡単な計算を教えてくれるというところも増えてきていて、親としては同じ月謝か、少し高く払うといろいろなメニューがある方を望みます。しかし、子どもにとっては余計なものであることが多いのが実状です。

3、4歳は人と遊ぶおもしろさを経験していく時期ですから、そういう点でいえば、子どもがのびのびと遊んだり、自由にできるような幼稚園が子どもにとってはプラスです。ただし、そうした幼稚園が減ってきているという現実がありますから、探すのに苦労するかもしれません。

幼稚園選びのもう一つのポイントは、幼稚園の中で、他の子からケガをさせられてしまったり、子ども同士で問題が起こったときに、幼稚園がどういう対応をするかということが、幼稚園生活をうまくやっていく上でとても大きなファクターになるということです。例えば、なにかあったときに関係する子どもの親に連絡をして親同士に解決を委《ゆだ》ね、幼稚園が直接関わらないところが増えているのですが、幼稚園で起こったことは基本的に幼稚園が責任を持って対処します、という姿勢を持っているところが大事だと思います。子どもを育てる環境として園で起こったことは、その場にいる当事者――園を運営し、子どもたちを預かっている保育者がいるところで、基本は解決すべきだという姿勢がきちんとしているところが望ましいでしょう。

「自分が行かせようとしている園はどういうところか」という話を、公園や児童館に行って先輩ママたちに聞き、単なる噂《うわさ》でなく、しっかり情報収集をすることがとても大切です。

それから、親がいいと思う幼稚園と子どもがいいと思う幼稚園は違う、ということを知っておいてください。幼稚園を選ぶときには子どもを一緒に連れて行き、いくつかの園の遊びのコースや園庭開放に入れてみることです。園を開放して、地域の子どもたちが親と一緒に遊びにいける、という試みをやっている幼稚園が増えていますから、そういう機会を利用するといいと思います。そうすると、外見だけでなく、先生の持ち味や保護者が子どもに対する対応が見えます。そうやってなるべくいくつかの園に足を運んで、子どもが慣れ親しむかどうかも経験すればわかります。そして、子どもが「ここがいい」と言ったところに行くと、だいたいうまくいきます。親はもっと整然としていて、知的な教育などもやってくれるようなところがいいと思ったりしますが、そうした親の思いだけで選ぶと、うまくかないケースが多いですね。子どもの見る目を信頼してください。情報よりも子どもの感覚の方があっていたという話をよく聞きます。

子どもは、子どもを一人の人間として尊重し、子どもの成長発達の年齢に合わせた保育をやっている園を選びます。そのことがわかると、親もそういう園がいいと思うようになるでしょう。

知育中心で保育をやっている園をいいと親が判断する場合もありますが、子どもがあまり好まないときには、そこはしっかり見極めてください。とくに降園後にスポーツや体操教室をやったりする、メニューの多い幼稚園の子どもは、疲れている傾向があります。何はともあれ、子どもはまだ3歳4歳であることを忘れないでください。

子どもはご馳走《ちそう》がたくさんあると、目移りしてあれもこれも食べたいというかもしれませんが、食べ過ぎるとお腹を壊《こわ》してしまうのと同じことです。食事も幼稚園での活動も腹8分目でいいのではないでしょうか。

Q41

幼稚園や保育園での悩み

幼稚園や保育園は何歳から

2歳の子どもがいます。昔は子どものことは2年保育が主流だったと思いますが、今の時代、私のまわりでは3年保育が多く、その前のプレ保育に行っている子もいます。いじめの問題などを考えると、集団生活に慣れるために少しでも早く行った方がいいと思うのですが、あまり小さいうちから行かせるのはかわいそうな気もします。子どもにとってはどちらがいいのでしょうか。

A

成長発達に合わせて4歳でもOK

回答・内田良子さん

お母さんが幼かった時代は2年保育が主流、その前には1年保育の時代もありましたが、いまは3年保育とプレ保育園として2歳児から行く子と、満年齢で3歳になった誕生日から幼稚園に入る子などに分かれていると思います。

こうした状況を見ると、「集団生活に慣れさせるために早く集団の中に入れた方がいいのではないか」と考えるかもしれませんが、私はむしろ逆だと思います。集団生活に慣れるという意味では、子どもの世界が広がってきて、まわりの友だちと遊びたい、あるいは自我がある程度育ってきてからの方が、ずっと適応がいいからです。そういう意味では、子どもにとっては3年保育よりも2年保育の方がいいだろうと感じています。

満3歳や2歳何ヶ月かで幼稚園に入る子のお母さんから聞くのは、この年齢ではまだ集団と出合うことに戸惑っていたり、集団と出合うことの意味や価値を感じられない子どもが多いということです。

「まだお家にいたい」「お母さんと一緒がいい」と子どもは訴えています。なんのために幼稚園に行くのかわからないのです。

活発な子どもで兄弟姉妹がいて、世界をすでに探索できているお子さんは別として、初めてのお子さんは子どもにとっては3年保育は少し早いようです。同じ3年保育でも4月からではなく秋くらいから始める方がいいのかもしれません。子どもはいずれ、友だちと遊びたいとか、家庭の外で長時間過ごしたいという時期が来るので、そのときに幼稚園に入れるのが最もいい時期です。子どもの成長発達は、小さければ小さいほどばらつきが大きいので、まわりに合わせるというよりも、子どものようすを見て決めてあげるといいと思います。何歳何ヶ月からというのは、一概には決められません。幼稚園側には途中から入園する子どもへの態勢を上手につくってくれることを望みたいと思います。

それから、3歳という時期は子どもの自我が育って、自己主張ができる時期に来ているので、自分をしっかり主張し、しっかり理解してもらう時期です。つまり、集団への適応よりも先に「個」としての確立が大事です。その時期に集団と合わせてお友だちと同じにと、集団適応が先に立つというのは、やはり時期的に早いのではないでしょうか。子どもの自我の発達を考えると、3歳よりも4歳の方が無理がないと思います。

なお、週に1～2回お母さんと一緒に通うプレ保育が、園に慣れるという意味もあって、遊びにいくという感じで行なわれるようになりました。これは子どもも喜んで行くし、親にとってもひととき子どもの手が離れるのでいいことだと思います。親同伴の登園で、週に何度か園で遊んで過ごす、集団との交流を楽しむということであったら、満2歳からでもいいと思いますが、子どもだけで分離して集団化するのはもう少しゆっくりでいいと思います。

また、最近は育休がとれるようになり、1歳くらいで保育園に預けるケースが増えていますが、この時期の子どもはお母さんとの関係が深まっていて、お母さんと離れることに関して不安を感じやすい時期です。そのため、集団に切り替わるのに時間がかかります。そのことを意識して、ていねいに離れることを心がけてください。

Q42

幼稚園や保育園での悩み

いやがる子を無理に幼稚園に行かせています

3歳の娘は毎朝幼稚園に行くのをいやがって、泣きべそをかきます。園の先生に相談したところ、無理にでも連れてきてくれればなんとかなります、と言ってくれていますし、ここで甘やかして不登校になるようなことになると困ると思い、無理矢理行かせています。でも、娘のようすを見ているとトラウマになってしまうのではないかと心配です。

A

無理矢理行かせるのは、やめた方がいい

回答・内田良子さん

3歳くらいまでの子どもは、家庭が生活の中心ですから、幼稚園に行くということに必要を感じていません。ほとんどの子どもはおうちがいいし、お母さんと一緒がいいと思っています。

4歳くらいになると、家の中だけでは狭すぎるし、近くの友だちだけではものたりなくなるので、最初は慣れなくても、幼稚園に行ってみると、そのおもしろさも楽しさも見えてきます。

「行きたくない」と言って泣いていやがる。それに対して幼稚園の先生は、「無理をしてもつれてくればなんとかなります」と無理に連れてくることを勧《すす》めます。でも、無理に行って、なんともならない子どもたちが、熱を出したり、体の調子が悪くなったり、食事を食べなくなったり、全身全霊で「行きたくない」ことを訴えてます、という相談が増えています。

子どもが3歳で行き始める場合は、基本的に友だちを求めてということと、遊ぶ場を求めてということで、緩《ゆる》やかに幼稚園とつきあうことが必要だと思います。毎日、泣かせても連れて行くのではなく、週に何回かお母さんと一緒に行ったり、慣れるまでお母さんと一緒に過ごすというように、ゆっくり子どもの成長に合わせて慣れていくことが必要でしょう。無理矢理行かせるのは、子どもにとってプラスの体験にならないと思います。

「行きたくない」というのはわがままではなく、子どもの自己主張です。甘やかしやわがままと誤解してはいけません。

自我が育ってきて「いやだ」という主張ができるようになってきた時期に、上から力で押さえ込むようなことをすると逆効果です。仮りに大人の力でその場はなんとかなったとしても、先々でむしろ集団に対して拒否的になったり、不安がったり怖がったりするようになって、そのことが小学校やその後の展開にマイナスになっている場合が多いので、要注意だと思います。

また、自分が「嫌だ」と自己主張をしたときに大人は受け入れてくれないのだ、イエスと言わなければ受け入れてくれない、と子どもは学習してしまいます。それは対人関係においても「大人はわかってくれない」という不信感を残します。

親という権力、幼稚園の先生という権力をもって、「ノーと言わせない」ということになると、対人関係を形成する上で、また対社会的な関係を構築する上で、マイナスになっている場合が多いように思います。

Q43

幼稚園や保育園での悩み

おもらしすると園で迷惑では

3歳の息子はおしっこをしたくなると、普段は自分からトイレというのですが、遊びに夢中になっていると、トイレに行くのを忘れておもらしをしてしまいます。そのたびに叱るのですが……。このままでは園に行って先生に迷惑をかけないか心配です。

A

おもらしは想定内のことです

回答・内田良子さん

3〜4歳の子どもなら、遊びに夢中になっていて尿意を感じてもトイレに行かないでおもらしをする、というのはよくあることです。これは幼稚園の方が織り込み済みのことですから、迷惑をかけると気を使う必要はありません。子どもの心と体の成長の現在、生理現象をどう理解しているかということですから、失敗が迷惑だから「ちゃんとできるようにしてきてください」という幼稚園は、他の面でもきびしくて、子どもに合わない場合が多いので、避《さ》けた方がいいでしょう。

幼稚園にもよりますが、最近の3年保育では、おしめがとれていない子どもが1〜2割はいると聞きます。4月で一斉に入園になると、早生まれの子どもはまだ3歳1〜3ヶ月しかたっていないわけで3歳11ヶ月の子どもと発達が違うのは当然のことですね。それでも、幼稚園の生活はほとんど生活のリズムが決まっていますし、先生が頃合いをみてトイレに誘導しますから、1学期の間におしめの取れる子が圧倒的に多いようです。自分の子どものようすを見て、織り込み済みの幼稚園を選ぶといいでしょう。

Q44

幼稚園や保育園での悩み

障がいのあるお友だちのこと

息子の幼稚園のクラスには、発達障がいを持つと診断されている6歳の男の子がいます。息子はその子がすぐに大きな声を出して怒ったり、泣き叫んだり、叩いたりするから、嫌だと言っています。どのように息子に対して説明すればいいでしょうか?

A

幼児期の子どもに言葉で説明する必要はありません

回答・山下直樹さん

幼稚園でスクールカウンセラーとして働いていると、ある子どもが友だちから叩《たた》かれてしまったり、それを受けて叩き返したり、突き飛ばしたりという光景をしばしば目にします。いわゆる子ども同士のケンカです。子どもは本当によくケンカをします。叩き、叩かれ、突き飛ばし突き飛ばされ、泣いて泣かされ、仲直りしたかと思ったら、またケンカが始まります……。ケンカをしても、すぐに仲直りをして笑顔で遊び始める子どもたちを見ていると、子どもはそういうやり取りを通して、成長していくのだなと感じます。

幼稚園や保育園は子どもが初めて出会う「社会」ですから、家族とは違う他人がいて、思い通りにならない友だちがいます。幼児はうまく言葉で自分の気持ちを表現できませんから、その代わりについ手が出てしまったり、足が出てしまったりすることがあります。そんなことをしたり、されたりしながら子どもたちは、強く叩けば痛いこと、突き飛ばして転べばケガをしてしまうこと、自分の体や他人の体のことなどを学んでいきます。幼稚園や保育園という社会で、子どもたちはこうして、多くのことを学んでいくのです。

ただ、この質問の子は、友だちと小さなケンカを繰り返しても、これらのことを学びにくい子どもなのだと思います。ですから、お子さんが一方的に叩かれてしまったり、痛いと言っているのにその子はやめることができなかったり、もしくは、何もしていないのに突き飛ばされたりすることがあるのでしょう。ケンカというのは本来、相互のコミュニケーションなのですが、その子の場合はどうやら一方的なところがあるのだと思います。

お子さんが、「その子のことが嫌だ」「何もしていないのに叩かれた」などと言うことがあれば、「そうなの、嫌な思いをしたんだね」「痛かったね」「つらかったね」というように、まずはお子さんの気持ちを受け止めてあげることが大切です。その前に「誰にやられたの？」「どんな状況だったの？」と根掘り葉掘り聞くことは、子どもにとって自分が責められているようにしか聞こえません。子どもを守るのは最終的には親ですから、いろいろ聞きたいという気持ちはわかりますが、まずは「痛かったね」「つらかったね」と、お子さんの気持ちになって、「冷静に」受け止めてあげましょう。

また、感情的にその子のことを責《せ》めることもよくありません。叩かれた子どもはそのときの状況をいろいろ話しますが、その話を聞いても感情的にならないことです。お子さんの痛みに共感しようと、「どうして叩いたりするのか！」「以前にも同じことがあった！」など、様ざまな思いを抱きながら、これらのことをお子さんに言い、その子のことを感情的に責めたとしても、お子さんの気持ちに共感したことにはなりません。

相手の子どもは発達障がいがある、と診断を受けているということですが、幼児期のお子さんに対して、そのこと自体を言葉で説明する必要はない、というのが私の考えです。幼児に対して、言葉だけで理解をうながそうとしてもなかなか理解することができません。むしろこの時期の子どもは、大人の内面を模倣《もほう》しながら学んでいきますから、まずは、親であるあなた自身が、様ざまな障がいについて学び、できればその子の障がいについてよく知っておく必要があるでしょう。そして、周囲にとって「困った行動をする子ども」は、「本人も困っている」ということを親であるあなた自身が理解する必要があります。

そういう理解を深めたところで、もし必要ならば「その子も困っている」という視点で、お子さんに話してあげましょう。

例えば、お子さんが「○○くんって、いつも僕が何もしていないのに、突然頭を叩いてくるんだ」「○○くんっていじわるなんだ」とお母さんに話したとしましょう。そんなとき、まずは、「それは痛かったね」「嫌な思いをしたんだね」などと、お子さんの気持ちを受け止めてから、さりげなくこう言ってみてはどうでしょうか。

「○○くんはあなたのことが嫌いで叩いてるんじゃないんだよ」「だからいじわるしてるんじゃないんだ」「○○くんって、耳元で大きな音がすると、びっくりして手が出ちゃうんだよ」「もしかしたら大きな音が嫌だったのかもね」

いずれにしても、障がいについての細かい説明ではなく、「その子も困っている」という視点から話してあげられればいいのではないかと思います。

第7章

親として

答えはあなたのそばに

一人で子育てしていると
どんより
ドツボにはまってさあたいへん…
白目をむいて寝るのはなぜ？
出ベソなのはなぜ？
髪が薄いのはなぜ？
ああああ!!
バッ
なぜなのおおお!?
そっか。パパに似たんだ
ごお～ぐお～

Q45

親として……

子育てが不安です

子どもはもうすぐ1歳になります。生まれる前から不安だったのですが、思った通り子育ては難しくていつも不安がいっぱいです。いまでも子どもが泣き出すとおろおろします。料理も得意ではなく、どんどん大きくなっていくのを見ると不安が増してきます。他のお母さんを見ると落ち込みます。私はこれからどうやって子育てを続けていったらいいのでしょうか?

A

子どもの「生きる力」と「成長する力」をよく見て

回答　大村祐子さん

親になったということは、……子どもが一人の人間として自立し、人生をまっとうできるよう、そのために必要なことを教え、必要な力や技が身につくように育てる……いわば、子どもの人生を引き受けたのですから、あなたが不安になる気持ちはよーくわかります。親になった当時、いえ、それ以前からわたしも不安で仕方がありませんでした。ましてや、わたしは両親に反対され、勘当されるようなかたちで結婚しましたので、両親の助けを受けることは考えられませんでした。そのうえ、わたしたち夫婦はとても貧しかったのです。

ですから、図書館で「子育て」の本を借りて必死で読みました。けれど、本には原則だけが書かれていましたので、現実に対応するためには自分で考えなくてはなりませんでした。「ああしなければ」「こうしてはいけない」と、必死になって本に書かれていることをしようとしていました。けれど、あなたもきっと感じておられると思いますが、子育ては本に書かれているようなわけにはいかず、悩み、苦しみ、困り果てていました。

そのうえ、わたしは当時、学びたいことがあり、それができないことにも焦《あせ》っていたのです。ですから、必要以上に神経質になり、いらいらして子どもを叱ったり、夫ともぶつかってばかりいました。そんなわたしの姿を見兼ねて、夫の両親が「あなたの好きなことをしたらいい。その間、わたしたちが子どもを預かるから」と言ってくれたのです。

ありがたいと思いました。けれど、わたしは「母親としてそんなことは許されない」「子どもを育てている間は、自分のしたいことは我慢しなくちゃいけない」……そう思い込んで、せっかくの両親からの申し出も断ってしまったのです。が、夫は「子どもを見てもらったらいい。そして君の好きなことをしたらいい。そのほうが子どもにとってずっといいよ。子どものために我慢していると、君の怒りや恨《うら》みが子どもに向かって、子どもがたいへんだから……」

「わたしが聞きたかったことと、ちょっと違う……」と、あなたは思っていらっしゃるかもしれませんね。わたしがあなたに伝えたかったことは……もちろん、子どもを大切に思い、子どもを育てることに愛と力を注ぐことは必要です。けれど同時に、子どものことだけにかまけるのではなく、あなたの思いや考え、あなたのしたいことをもっと大切にしてください、ということなのです。

今あなたの気持ちも、考えも、することも、あなたのすべてが子どもを育てることだけに向かっているのではありませんか。あなたの生活のすべてが、あなたの人生のすべてが、あなたの時間のすべてが子どもを育てることに費《つい》やされているでしょう？　それでもOKという人もいるでしょう。けれど、自我意識を強く持ち、自分の考え、自分の思いを大切に生きていきたいと願っている、現代に生きるわたしたちはたとえ相手がわが子といえど、それだけでは息苦しく感じるのです。自分がなにを考え、なにを思い、なにをするのか、しないのか……他者を大切にすると同時に、自分をも大切にする生き方をしたいと望んでいるのです。

近年、スポーツ競技を終えた後に、「自分で自分を誉《ほ》めてあげたい」と発言するアスリートがいますね。このような発言は20年前には考えられませんでした。どうしてでしょう？　以前は「日本」という国を代表して、日本を背負って競技していたアスリートたちが、今は自分のため、自己実現のために訓練し、鍛《きた》え、そしてどんな結果になろうと競技に至るプロセスをもふくめてそれを楽しみ、歓《よろこ》んでいるのです。

あなたも子育てをしながら、ご自分の人生を生きたらよいのですよ。ご自分の好きなことに時間を使い、ご自分の関心のあることに心を向け、気のおけない友人と話をし、世の中に眼を向けたら……子どもが少々泣いても、「世の中には信じがたいほど過酷《かこく》な状況の中で生きている子どもたちが大勢いるのよ。今あなたが泣いているのはおなかが空いたからなのね。じゃあ、おっぱいをあげましょう」……余裕を持ってお子さんと向き合うことができるようになるかもしれません。

料理が得意じゃないことなんて、たいしたことじゃありませんよ！　あなたとあなたのご家族は、毎日じゅうぶんな食べ物を召し上がっているのでしょう？　生きるために必要以上のものを口に入れることができて、なにが不足なのでしょうか？　あなたが調理されるものがみんなの口に合わなくとも、そんなこと気にしない！　大丈夫！　大丈夫！　お子さんはじゅうぶん育ちます。

ほら、それが証拠に「子どもがどんどん大きくなって……」と、おっしゃっているではありませんか！　子どもには子ども自身の内に「生きる力」と「成長する力」が具《そな》えられているのです。あなたが悩み、苦しんでいるうちに、ずんずん成長しているのです。

そうそう最近、新聞や情報誌で「子育てサークル」の記事をよく見かけます。あなただけではなく、子育てに不安を感じているおかあさんはたくさんいるようですね。サークルの集まりでは、ベテランおかあさんや、子育てを終えた先輩おかあさんがいろいろアドヴァイスしてくださるそうですよ。それにおかあさん同士で話をすることも、不安を解消するために力になることでしょう。地域のサークルに参加されたらどうでしょうか。

「子どもは自分のなかに、育つ力を持っている」……これから子育てに不安になったとき、呪文《じゅもん》のように唱《とな》えてみてくださいな。

Q46

親として

まわりに気楽に相談できる友だちがいない

子どものことでちょっとしたことを相談したいのですが、この地域に嫁《とつ》いできたのでまだ親しい知り合いがいません。お母さんたちが集まる所があるのは知っていますが、知らない人ばかりなので行きにくいのです。何かアドバイスをいただけませんか。

A

まずはスマイルを大切に。遊び気分で出かけているうちに、自分に「ぴたっ」と合う場所がみつかりますよ

回答・藤村亜紀さん

子育てをしていると、ほんのささいなことでも「これでいいのかな?」「こんなときはどうすればいいの?」と迷うことがあります。そんなとき、先輩ママや仲間の話を聞くと

「これでよかったんだ」「へぇー、こんな方法もあるのか」と安心したり参考になったりするものです。そんな仲間がいると、育児はとても楽になりますね。

一方、見知らぬ土地へ嫁いできたり、だんな様の転勤などで知り合いのいない場所での育児となると、どんなに前向きなお母さんでも苦しくなってしまうことでしょう。

そんな状況では、誰かに相談したいと思ってもなかなかできません。保健士さんや行政の相談窓口はありますが、お母さんの悩みはそれほど大きくないこともたくさんあります。いえ、その方が多いのではないでしょうか。

離乳食のごはんのつぶし方、寝相が悪い子のパジャマの着せ方、水嫌いの子どものシャンプーの仕方。近くの幼稚園の特色、子ども連れのお出かけスポット、子連れオーケーのレストラン情報。こういったことは仲間内で交《かわ》されるおしゃべりの中でほとんどカバーできます。今すぐ使える解決策、旬《しゅん》の話題も教えてもらえます。相談のある・なしにかかわらず、こうした仲間は育児をしていく上でとても貴重な存在です。

一昔前になりますが「公園デビュー」という言葉が流行しました。公園にいる親子の仲間に入るためにはこんな服装で、こんな遊び道具を持って、こんなあいさつをして……と事細かに掲載した育児雑誌もありました。「公園デビューファッション」をマネキンに着せて売り出すデパートさえありました。

それが言われ始めた頃、うちの子どももちょうど「公園デビュー」の年頃でした。

「そろそろ公園でもお砂遊びが楽しめるだろう」「ブランコだって乗れるだろう」

単純にそう喜んでいた私ですが、そこにあらわれた「公園デビュー」という言葉に人間関係のどろどろしたものを想像し、かえって身構えてしまったのです。そんな私でしたから、この方のお悩み「知らない人ばかりの集まりに行きにくい」というお気持ち、よくわかります。ではどうすればスムーズに入っていけるでしょうか。

「知らない人ばかり」とは言え「お母さんが集まる」とあるので、中にはもしかして顔見知りの方もいらっしゃるのでが？　まずはその方と親しくなれたらいいですね。

どこかで会ったら、スマイル、スマイル！　笑顔は人の心をほどきますから、「笑顔でこんにちは」は最強アイテムです。最初は二、三言交《かわ》すだけでもいいんです。何度かそうやってあいさつするうち、警戒心がとけてあいさつの後も会話が続くようになります。するとおしゃべりするお母さんの傍《かたわ》らで、自然に子ども同士が遊び出したりしますよね。そしたらそこでしばらく遊んじゃえばいいのです。

そうして集まりに参加してみたいこと、できれば一緒に行きたいことを伝えてみてはいかがでしょうか。初めての場に、しかも人の輪の中に入っていくのは、誰だってかなりの勇気がいるものです。ですからまずは一人と親しくなって、その人を突破口に知り合いを広げていけばいいと思うのです。

ところで、知り合いのいない土地となると、なかなか外に出る気になれないかもしれません。家にこもってしまいたくなることもあるでしょう。けれどなるべく外に出て、地域に触《ふ》れる機会を増やしてください。「外出」と考えると億劫《おっくう》になってしまうので「散歩」の感覚でふらっと出かける。そんな時間を日に1〜2回持てるといいですね。

「誰かに会うため」と構えることはありません。「外の空気を吸いに」出る感覚でいいのです。空を見上げ、草花を見つけ、猫を追いかけ、風に吹かれるだけでとてもいい気分転換になるものです。人と出会って話すこともあれば、親子だけの日もあるでしょう。それでいいのです。それがいいのです。

そうしているうちに、不思議と気の合う人が見つかったりするものです。子育てに「絶対」はありません。お母さんの集まりにだって参加したっていいし、しなくてもいい。

ご自分の気持ちに「ぴたっ」と合う場所がきっとあるはず。それを見つけて、気持ちよく子育てができたらいいですね。

Q47

親として……

これは虐待ですか？

しつけのつもりで子どもをひどく叱ったときに、子どもが泣き出してしまったりすると「これは虐待ではないか」と怖くなります。虐待としつけには明確な違いがありますか？

A

本当の問題は虐待かどうかではなさそうですね

回答　汐見稔幸さん

最近、お母さんが子育てにストレスを強く感じていて、しかも孤立していますから、そのストレスを子どもに向けてしまっているというケースが多くみられます。必要がないときにも叱っている、この子が悪いというよりは私がイライラしているから叱っている、ということもわかっていて、冷静に考えたら、「虐待《ぎゃくたい》していると言われてもしょうがないほど厳しく叱っている」、というような自覚を持っているお母さんはたくさんいます。私が相談を受けていても、「やっぱりこれって虐待ですよねぇ」と言うのはお母さんです。

そのときに「いやいや、そんなの虐待とは言えませんよ、その程度は……」と言うと、じゃあ、それでいいのかなと思ってしまいますし、「そうですねぇ、そういうことやっているお母さんたくさんいますから……」と言うと、「私は、one of them なんですね」と落ち込まれてしまう。

「ママー、ママー!」と子どもが呼んでいるときに無視することは、イギリスの法律では虐待にあたります。要するに、間違った対応、邪険な対応、無力な子どもが求めているものに対して、ちゃんと対応していない、これは全て虐待になってしまいます。そういう意味での虐待なら、私たちにも覚えがあるはずです。

でも、「それを虐待ですよ」と言ったからといって、そのお母さんの行動が変わるかというと、それはありません。「その行為を虐待と定義するかどうかという問題ではなくて、お母さん自身はやっぱり悩んでおられるんですよね。その気持ちよくわかりますよ。なんとかもうちょっと子どもを叱るということを減らす方法考えましょう」といった対応をしてあげるべきだと思います。

「あなた確かにそれは虐待です」と言われたらやっぱりショック受けますし、「それは虐待じゃない」と言われたらこの程度はいいのかなと思ってしまいます。相手の土俵に乗らないで、こちらの土俵に近づけるのがコツでしょう。一般的に日本でも虐待はありますけれども、それは折檻《せっかん》だとか、ご飯をまったく与えないといったレベルです。

今、社会的に問題になっているのはそんな極端なレベルではなく、日常的に家庭の中で、子どもだけをほったらかして親が出かけてしまったとか、子どもがご飯食べたがっているのにちょっと忙しいからと抜かしてしまったというようなことです。そういう軽度に思われるものも実は虐待だというのが今の国際的な動きです。それを厳密に適応すると日本の親は案外、虐待に近いことを、みんなやっているということです。でも、それを指適しても事態が改善されるわけではないでしょう。神経質に虐待かどうかを考えることは必要ないと思います。

結局、「これって虐待ですよね」と問いかけは、「なんとかしてくださいよ」という、ひとつのサインだということです。自分で問いかけざるを得ないほど困っているのです。私は「そうか、お母さん大変ですねぇ」と共感しながら、もうちょっと子どもに叱らなくてもすむような対応をどうしたらいいのかってことを一緒に考えましょう、と声をかけてあげたいと思います。

Q48

親として

共働きが子どもに与えるマイナスは？

子どもができてもずっと働きたいと考えてきましたので、出産後、できるだけ早く職場に復帰したいと考えています。ただ、子どもを両親の顔の判断もできないうちに保育園に預けることになるのが心配です。共働きをする上で、子どもの育ちの上で注意しておいて方がいいことはありますか？

A

職場と家庭の切り替えをすればきっと大丈夫でしょう

回答　汐見稔幸さん

働くことによってお母さんに生活の張《は》りができるとか、お母さんが自分もやっぱりいい仕事がしたいという欲求があり、仕事によっていきいきと生きているということであれば、プラスになります。

しかし、仕事によってはストレスがすごく強くて、それを家にも持って帰るとか、場合によっては不定期な働き方で、子どもと接する時間が日々バラバラになってしまうとか、子どもが甘えたいときに甘えさせてもらえないとか、今度の日曜日にどこかに遊びに連れて行ってくれると思っていたのに、お母さんが仕事で行けなかったりとか、そうしたことで子どもにちょっと寂しい思いをさせるということは覚悟しなくてはならないでしょう。でも、それを自覚して、どこかでカバーしてやれるようならそんなに心配はないでしょう。

それよりもお母さんがイライラしていて、子どもに対してちょっとしたことでガミガミ言ってしまうということの方が問題です。

今は専業主婦だからといってもゆとりがなく、かえってガミガミしている人も多いのです。そう考えると、上手く仕事して、昼間は子どもから多少離れて、夜はゆったりと子どもと接する、というふうにすれば働いているということは逆にプラスになる可能性もあります。

働いていることのストレスをそのまま家まで持ち込んでしまうことが問題です。子どもは昼間はお母さんと接することができない、夜はガミガミ言われるとなれば、これはマイナスです。ストレスを子どもに不用意に向けないようにするということが、働いて子育てをしている親の一番大事なことだという気がします。

保育園に迎えに行くときは、迎えに行く途中で仕事のストレスは全部発散させようとか、保育園に着いたら、まず、同じクラスのお母さんとわーわーしゃべって少しスッキリさせてから子どもと向き合あおうとか、夜、仕事から家に帰ったらお父さんとしゃべってストレスをちゃんと発散させておくとか、そういう配慮だけは、子どものために丁寧《ていねい》にやってあげた方がいいと思います。

つまり、切り替えが大事なのです。子どもには何の責任もありませんから。小さいときはお母さんとちょっと遊べなかったといって寂しかったとか、子どもの欲求不満も多いんですが、大きくなっていくと、いつも家に帰ったらお母さんに「早く宿題しなさい」と言われるよりは、お母さんがいなくて自由でいい、という子どもも増えていきます。

大人になったときに、お母さんが共働きでよかったというケースと、いやだったケースに分かれますが、いやだったという人の大部分は、仕事などの愚痴《ぐち》を私にぶつけてくる、それが、子どもである自分のせいにされてしまうことが理由だと言います。そういう思いをした人は共働きに否定的になりやすい。

逆に働いていて大変だったけれども、お母さんはがんばっていたし、それがお母さんの生きがいになっていたから、ああいう生き方もいいなぁと思います、という人は、大人になり、自分が親になっても自分も働きたいと思うのです。

働きながら心の張りを見せてあげること、これが子どもにとって一番ありがたいことです。

母親が働き始める時期については、ゼロ歳であれば、最初からわけがわかっていないのでそのまま受け入れます。1歳になるとかなり自己意識が出てきていますから、今までべったりして甘えたいときに甘えられたから、急に昼間に保育園や、ぜんぜん違うところへ行くとなると、その切り替えがちょっと難しくなります。

しばらく慣らし保育を丁寧《ていねい》にやってあげることが大事でしょう。突然、保育園へ、というのはよくないと思います。

Q49

親として……

不在が多い父親の代わりにやるべきことは

夫は出張が多く、帰宅時間も遅いので父親不在の状態です。私は一人で子育てをやっています。不在の父親の代わりにやっておいた方がいいことはありますか。

A

二人分がんばる必要はありません

回答・内田良子さん

朝が早く、夜も遅くて長時間労働を強《し》いられている日本のサラリーマンの家庭では、父親不在という状態はよくあります。しかし、お母さんが一人で子どもと生活をしているから、父親の不在の代わりもやらなければと思って、二人分がんばろうと思う必要はありません。父親の分もがんばろうとすると、ほとんどの人が子どもに厳《きび》しく接し、不寛容になります。そうではなく、自分一人で手に負《お》えることをやればいいのです。

子どもはお父さんはこうで、お母さんはこうというように、役割分業的に両親を理解してはいませんから、いつも一緒にいるお母さんは生活の中でのしつけなど、自分の判断で行なっていいわけですし、自分がしっかりしていればそれで十分です。一人の大人としてしっかりしつけをし、子育てをやればいいのであって、本来いるであろう父親の役割を担う必要はありません。

むしろ、やっていいことと悪いこと、マナーやルールを教えながら、生活の豊かさのようなものを、子どもとどう作り出していくかということを考えてみてください。

よく「お父さんは怒る人」という言い方がありますが、それはしばしば父親と子どもの関係を悪くしています。というのは、日々一緒に生活をしていて「それはいけないよ」と叱られることもあるけれど、ご飯を食べさせてくれたり、遊び相手をしてくれたり、お風呂に入れてくれたりとプラスの濃密なかかわりがあるから叱ることも効果があるのです。普段はいないから父と子の間に親和的な関係が希薄なのに、たまに会ったときに叱られてしまうと、父子関係は疎遠になり、悪くなります。

叱らなければならないときは、お父さんがその役割を担うのではなく、叱る必要を感じたときに、感じた人が注意すればいいのです。細かないきさつも知らないのに、「お父さん、叱ってください」と言われてただ怒るのでは、貧乏くじを引いているだけです。

最近は、母親に頼まれなくても、家にいる時間が短いからと焦《あせ》って子どもに厳しくするお父さんが増えてきています。しばしば「厳しくしつける」ということが、父親の役割の第一だと思って誤解している人が多いようです。

子どもとの親密な関係ができていないところで厳しくやると、子どもから恐れられはするけれど、しつけとして浸透しないし、人間関係としても乖離《かいり》してしまいます。そうして、子どもが大きくなって家庭団らんのときに家にいないと、いつも自分が座る位置に息子が座っていたりして、いつしか家庭の中に自分の居場所を失ってしまうことさえあります。

自分が父親だからといって、過度に父親の役割を演じることはありませんし、母親もまた無理をする必要はありません。

Q50

親として

わかっていても子どもを叩いてしまいます

「子どもを叩いてはいけない」。わかっています。よくわかっています。わかっていても、子どもが言った通りにできないとイライラして叩いてしまいます。子どもが泣いて、謝ります。かわいそうだと思うのですが、一息つくまではとめることができません。私はどうすればいいのでしょうか。

A

一人で悩まずに相談に行ってください

回答　内海裕美さん

子どもを叩《たた》かないことは原則です。ただし、私の経験からも「これは誰でも叩くだろうな」ということがあります。そのときには、叩いても仕方ないでしょう。ただし、叩いた後できちんとフォローすることが必要です。繰り返しますが、子どもを叩いてはいけません。

叩くことが日常的になっている場合は、どこかに問題があるので個人で悩まないことです。お母さんだけの責任ではない場合も多く、お父さんのサポートが少ないとか、お父さんがをお母さん叩くDV（ドメスティック・バイオレンス：家庭内暴力）があってお母さんが虐待《ぎゃくたい》されていることが子どもを叩くという行為の原因である場合もあります。

また、自分が叩かれてしつけられたから、わが子も叩いて育ててしまうという人もいます。叩かれてしつけられても、子どもはそれが自分のためだと思わざるをえません。そう理屈づけることによって自分の子を育てるときも叩いてしまうのです。叩くという手段しか自分の中に育っていないという根深い問題があることもあります。

どうしてイライラするのかを探っていったら、自分の親子関係に問題があったりするので、そこから掘り起こさなければ、根本的な解決にはなりません。

あるいは、子どもに育てにくい何か問題があって、対応がわかっていないのかもしれないということもありえます。例えば、発達障がいなどのある子どもの場合、育てにくさを感じることがあります。そうした子どもへの適切な対応を知らないままに、他の子どもと同じように育てると、どうしてもイライラしたりして、無理をしてしまうので、いけないとわかっていても手が出てしまうのかもしれません。

それぞれの発達障がいには、こういうふうにしたほうがいいというノウハウがありますから、それを知ることでずいぶん楽になり、叩かなくて済むようになると思います。

私の診察室に来た親子にも、よく話しているうちにどうやらお子さんに軽度の発達障がいがあることがわかり、それが叩くことにつながっていたケースもあれば、診察中の子どものようすを見ていて多動であることがわかったので、「多動だから大変でしょう」というような話から虐待が見つかることもあります。

特に子どもを、しつけなければならない年齢になると、どんなにいい親であっても育てにくい子どももいれば、どんなにいい子どもでも育てにくい親もいます。そういう場合は、自分の悩みを勇気をもって相談してください。

相談の窓口は保健所でも保育所でも子育て相談の窓口でも小児科でも構いません。そこでは「叩いちゃダメよ」という人はまずいません。「そういうこともあるよね。でも、どうしてそうなるんだろうね。叩かなくて済む方法を考えよう」というふうに、叩かざるを得ないお母さんの気持ちをわかってくれて、叩かれた子の身になって考え、お母さんが叩かないで済む方法をアドバイスしてくれると思います。

ただし、一つの窓口に行ってすぐに解決することは難しいと思います。合わないと思ったら、いろいろなところに行き、いろいろな話をしてみてください。

何度かアドバイスを受けているうちに、だんだん叩かなくなれたり、叩きたいと思うときには隣の部屋に行って我慢できるようになる、叩いたつもりで我慢するというように、変わっていけると思います。だから一人で悩まないでください。

なお、「子どもを叩く」ということを思うこと自体がいけないと思っている人がいます。「この子さえいなかったら楽だったのに」と思うと「なんて母親かしら」と自分を責《せ》めてしまうのです。

さらに、「この子さえいなければ、そういう想いをしなくてもいいから」とまた憎たらしくなってしまったりもします。「いなかったどんな楽か」と思う、けれども「でも、いても楽しいよね」という瞬間もある、そのバランスなのですから、「この子さえいなかったら」と思ってしまうときがあっても仕方ないのです。

子どもたちへの贈り物

大村祐子

読み切り創作物語（連載6・最終回）

大村祐子（おおむらゆうこ）●ひびきの村ミカエル・カレッジ代表

1945年生まれ。米国カリフォルニア州にあるR・シュタイナー・カレッジで学び、92年、同カレッジで、日本人のための「自然と芸術」コースを開始。96年より、北海道伊達市でシュタイナー思想を実践する「ひびきの村」をスタート。著書に『わたしの話を聞いてくれますか』『シュタイナーに学ぶ通信講座』1・2・3期、『ひびきの村　シュタイナー教育の模擬授業』『創作おはなし絵本シリーズ①②』『昨日に聞けば明日が見える』最新刊『子どもが変わる魔法のおはなし』（いずれもほんの木刊）などがある。

めざめた白竜

白い大きな竜がおりました。土のなかで長いながいあいだ眠っておりました。いつから眠っていたのか、当の白竜さえおぼえていませんでした。土のなかはあたたかく、しめりけがあり、白竜はそれはそれはきもちよく眠っているのでした。

ある日、「白竜よ、白竜よ」という声がきこえたようでありました。「白竜よ、おまえの役目はもうすぐ終わる。だから、天に戻ってくるのだ」こんどははっきりと聞こえてきました。「ああ、あれは天の神さまの声だ。そうだ、わたしは神さまからおおせつかって、地に下り、この地を守ってきたのだった」

それがいつのことだったか白竜はすっかり忘れてしまいましたが、いまから二千年もまえのこと、神さまは白竜をこの地につかわされ、この地を守るようにお言いつけになったのでした。

二千年もの前、この地は深いふかい森でありました。そして森は、しじゅう白い煙《けむり》を吹き上げ、またときには地の底から、おどろおどろしい赤い炎を噴き上げる山々にかこまれておりました。人々は畏《おそ》れてこの地に近づくことがありませんでしたので、煙と火を噴く山々に守られながら、獣《けもの》とちいさな動物と鳥と魚《うお》が暮らすこの森は平和で、静かで、穏《おだ》やかでありました。神さまはここを聖なる場とお定めになり、そして白竜にむかってこう話されたのでした。

…おおいなる野望を持ち、畏れを知らぬ人間たちの手によって、地球はやがて滅びるだろう。なぜなら、その者たちは財産をきずき、それを増やし、守りたいと欲するからである。そのために互いに争い、憎み、嫉《そね》み、蔑《さげす》み合って、森や林はつぶされて焼かれてしまうだろう。草原の草は掃《はら》われて獣《けもの》、鳥は住むところを失うだろう。川、湖、池は穢《けがさ》れて魚は息絶えるであろう。

人間はそれを進化と思い込み、誇《ほこ》るであろう、しかし、進化は人間に幸せをもたらすことはなく、人々は常に焦《あせ》り、苛立《いらだ》ち、怒り、傷つき、病にたおれることであろう。そうしてはじめて人々は癒《いや》されて健《すこ》やかになりたいと願うのだ。

そのときこそ、傷つき、病に苦しむ人々を救うために、その使命を担う人々がこの地につどって来るのだ。約束されたその人々は、この森の静謐《せいひつ》な気をたいせつし、その気によって傷ついた人々を癒すであろう。また彼らはこの地の持つぬくもりによって、病む人々を健やかにするであろう。またこの地に注がれる光によって進むべき正しい道を示すであろう。そして、病む人々と、傷ついた人々をたすけ、支えながら彼らと共にその道を歩むであろう。

白竜よ、おまえは約束された尊い人々がこの地にやってくるまで、この地を守れよ。彼らがやって来るまでは誰一人としてこの地に足を踏み入れさせるな。この聖なる地を穢《けが》れさせてはならない。二千年のちに、約束された人々がやって来て、この森で暮らし、この静謐な気と、ぬくもりと、光を守り、それらを世の人々に分け与えるまで、この地を守れよ

しかし、その前に必ず、おまえがこの地を守るのだ。この森を壊そうとする者たちがやってくるであろう。この森の木々を打ち倒し、地を掘り返し、沼の水を吸い上げて、自分たちのために使い果たそうとするであろう。それをおまえが止めるのだ。おまえが役目をはたすことができるよう、わたしはおまえに牙《きば》を与えよう。おまえに炎を与えよう。おま

えに角を与えよう。おまえに翼を与えよう。それらを存分に使ってこの地を守るのだ。そして、野望を持つ者たちがこの地を征服することを諦《あきら》めて去り、世が静まるのを待って地にもぐり、眠るのだ。ここにおまえがいることをだれにも悟《さと》られぬように、静かに……。

さあ、行け！　おまえの役目がはたされたとき、わたしはきっとおまえを目覚めさせ、天に呼び戻すことを約束しよう」

白竜は答えました。

「神さま、お言いつけどおりにいたします。ただし、一つだけ教えていただきたいことがございます。約束された人々とはどのような人々なのですか。わたしはどうやってその人々を見分けたらよろしいのでしょうか」

「その者たちは貧しく力も弱い。しかし、その者たちは決意した者であり、人と競うことをせず、また争わない。その者たちは互いに支えあい、助け合い、与え合う。その者たちは己《おのれ》の欲を持たず、ただ、ただ望まれることだけをする。

そうだ、おまえがすぐに見分けることができるように、わたしはその者たちに印《しるし》を与えよう。その者たちは美しい声で歌う。その歌声がかれらの印である。その歌声が聞こえたとき、おまえの役目は終わったと思え。そして、天に戻ってくるのだ」

「わかりました。わたしは地に下り、その者たちが現れ、そして歌うまでその地をきっと守りとおしましょう」

二千年のときが流れ、約束された人々があつまりました。そして今、その地は「ひびきの村」と呼ばれ、約束された人々は美しい声で歌い、その歌声は世にひびきわたって、病《や》む人々と傷ついた人々を癒《いや》しつづけているのです。

著者紹介（五十音順・敬称略）

岩附勝（いわつき　まさる）　**歯科医**

1978年、日本大学歯学部卒業。90年ボストン大学大学院卒業、ハーバード大学研究員として就職。91年帰国。現在、トーユー矯正歯科（東京都国立市）・トーユー歯科（東京都日野市）院長。メキシコ州立大学矯正科客員教授、インターナショナル矯正学会日本代表、アメリカ機能矯正学会日本代表、日本矯正学会会員、ヨーロッパ矯正学会正会員、日本呼吸法学会代表。

内海裕美（うつみ　ひろみ）　**小児科医**

吉村小児科医院長。東京都文京区小石川医師会理事。東京女子医科大学卒業。愛育病院勤務などを経て1997年に小児科開業医に。同年より地域で子育て支援セミナーを毎月開催。地元で子どものことならなんでも引き受ける相談所的な診療所を目指している。また、絵本の読み聞かせや、子どもの気持ちを理解するために大人が絵本を読むことを勧めている。

内田良子（うちだ　りょうこ）　**心理カウンセラー**

心理カウンセラー。1973年より東京都内数ヶ所の保健所にて相談活動を続け、2000年まで中野区の佼成病院心理室に勤務。98年から「子ども相談室・モモの部屋」を主宰し、登校拒否、不登校、非行、ひきこもりなどのグループ相談会を開いている。NHKラジオの電話相談「子どもの心相談」アドバイザーとしても活躍中。著書に『カウンセラー良子さんの幼い子のくらしとこころQ&A』（ジャパンマシニスト社）など。

大村祐子（おおむら ゆうこ）　**ひびきの村「ミカエルカレッジ」代表**

1987年、米国カリフォルニア州サクラメントにあるルドルフ・シュタイナー・カレッジの教員養成、ゲーテの科学・芸術コースで学び、90〜92年、サクラメントのシュタイナーカレッジで、日本人のための「自然と芸術」コースを開始。96年より、北海道伊達市でシュタイナー思想を実践する「ひびきの村」をスタート。主著に半生を綴った『わたしの話を聞いてくれますか』（ほんの木刊）など多数。

片岡直樹（かたおか なおき）　**川崎医大教授、小児科医**

川崎医科大学小児科教授、小児科医。30年以上の臨床経験を通じて「子育て環境の悪化」を痛感し、子どもがよりよく育つ本来の家庭環境を取り戻す活動に熱意を注ぎ続けている。著書に『テレビ・ビデオが子どもの心を破壊している！』『しゃべらない子どもたち・笑わない子どもたち・遊べない子どもたち―テレビ・ビデオ・ゲームづけの生活をやめれば子どもは変わる』（メタモル出版）などがある。

神山潤（こうやま じゅん）　**東京北社会保険病院副院長、小児科医**

1956年東京都出身。小児科医。東京医科歯科大学医学部卒業後、病院勤務を経て92年から同大学小児科助手、その間95年から98年にはUCLAに留学し、2000年より東京医科歯科大学助教授、2004年4月から東京北社会保険病院副院長。専門は臨床睡眠医学。著者に『眠りを奪われた子どもたち』（岩波ブックレットNo. 621）、『「夜ふかし」の脳科学』（中公新書ラクレ）などがある。

汐見稔幸（しおみ としゆき）　**白梅大学学長**

1947年、大阪府生まれ。白梅大学学長。育児学や保育学を総合的な人間学と考え、ここに少しでも学問の光を注ぎたい。また、教育学を出産、育児を含んだ人間形成の学として位置づけるため、その体系化に取り組む。自らの体験から父親の育児参加を呼びかける一方で、保育者たちと定例の臨床育児・保育研究会を続けている。また、同会発行のユニークな保育雑誌『エデュカーレ』の責任編集者でもある。著書多数。

藤村亜紀（ふじむら あき）　**「出会いと生きがい創りの場　陽だまりサロン」主宰**

秋田県生まれ。1990年4月から、私立秋田南幼稚園に勤務、その間、シュタイナー教育を知り、保育に取り入れる。97年に退職。2000年1月「秋田シュタイナー教育を学ぶ会」を結成。02年7月「シュタイナーの楽光」に改名し、現在代表。2児の母で、秋田市に在住。05年春から自宅を開放し、「陽だまりサロン」を開設。著書に『心で感じる幸せな子育て』『子どもが輝く幸せな子育て』（ほんの木）がある。

幕内秀夫（まくうち ひでお）　**管理栄養士**

1953年茨城県生まれ。東京農業大学栄養学科卒業。管理栄養士。専門学校の講師を務めるが、栄養教育に疑問を持ち退職。以後、日本列島を歩いての縦断や横断を重ね、伝統食と民間食育法の研究を行う。現在、フーズ&ヘルス研究所代表。帯津三敬病院、松柏堂《しょうはくどう》医院などにおいて食事相談を担当。「小児の食生活講座」を主催。主な著書『粗食のすすめ』（新潮文庫）、『じょうぶな子どもをつくる基本食』（主婦の友社）など多数。

真弓定夫（まゆみ　さだお）　**小児科医**

1931年東京都出身。東京医科歯科大学を卒業。西東京市の佐々病院小児科医長を経て、1974年、東京都武蔵野市吉祥寺に真弓小児科医院を開設。自然流子育てを提唱し、毎日子どもを診察しながら、講演のため全国各地に出かけている。主著に『自然流育児のすすめ』『自然流生活のすすめ』『自然流食育のすすめ』（地湧社）、『医者の門をたたく前に』（芽ばえ社）、『自然流育児教室』（中央アート出版）などがある。

山下直樹（やました　なおき）　**治療教育家、スクールカウンセラー**

1971年、名古屋生まれ。東京学芸大学教育学部障害児教育学科を卒業後、渡欧。スイスのゾンネンホーフの治療教育者養成ゼミナールでシュタイナーの治療教育を学ぶ。現在は発達に心配のある子どもたちの相談、療育・学習支援を行う「西東京子ども発達相談室 Patio」を開設するとともに、幼稚園にてスクールカウンセラーとしても勤務。著書に『気になる子どもとシュタイナーの治療教育』（ほんの木）がある。

子どもたちの幸せな未来ブックス　第５期⑥
お母さんの悩みをスッキリ解決
子育て・幼児教育50のQ&A

2007年10月25日 第１刷発行

企画―――――――――(株)パンクリエイティブ
プロデュース――――――柴田敬三
編集―――――――――戸矢晃一
発行人――――――――高橋利直
総務―――――――――小倉秀夫
営業・広報――――――岡田直子
営業―――――――――丸山弘志
発売―――――――――(株)ほんの木
〒101-0054 東京都千代田区神田錦町3-21 三錦ビル
Tel. 03-3291-3011 Fax. 03-3291-3030
http://www.honnoki.co.jp/
E-mail　info@honnoki.co.jp
競争のない教育と子育てを考えるブログ　http://alteredu.exblog.jp

ISBN978-4-7752-0058-2
郵便振替口座　00120-4-251523　加入者名　ほんの木
印刷所　中央精版印刷株式会社

2002年～2003年刊

1 もっと知りたい、シュタイナー幼児教育

芸術教育や情操教育として注目のシュタイナーの幼児教育をわかりやすく特集しました。

＊幼稚園26年間の実績から学ぶシュタイナー幼児教育

＊「シュタイナー教育相談室」など

【主な登場者】高橋弘子さん（那須みふじ幼稚園園長）／吉良創さん（南沢シュタイナー子ども園教師）／大村祐子さん（ミカエル・カレッジ代表）他

2 育児、子育て、自然流って何だろう?

先輩ママの実践した自然流子育てで子どもはどう成長するか、親としての心構えなどをご紹介します。

＊自然な育児、子育て、基本の基本

＊私の実践した自然流子育て～そのポイントと生活スタイル　など

【主な登場者】真弓定夫さん（小児科医師）／はせくらみゆきさん（アートセラピスト）／自然育児友の会／西川隆範さん（シュタイナー研究家）他

3 どうしていますか? 子どもの性教育

誰もが子育てで一度は悩む、子どもと性の問題を家庭でどのように解決していくかがよくわかる特集です。

＊「性」を通して子どもたちに伝えたいこと

＊性教育アンケート　など

【主な登場者】北沢杏子さん（性を語る会代表）／矢島床子さん（助産師）／小貫大輔さん（東海大学助教授）他

●お申込み　ほんの木　TEL.03-3291-3011 FAX.03-3291-3030
〒101-0054東京都千代田区神田錦町3-21　三錦ビル

子どもたちの幸せな未来シリーズ第1期

4 子どもたちを不慮のケガ・事故から守る

子どもの死亡原因の1位は不慮の事故。思いがけない事故の予防策について実践的、具体的に紹介します。
＊不慮の事故はどうして起こるか
＊ケガ・事故を未然に防ぐ工夫　など

【主な登場者】ウテ・クレーマーさん（ブラジルシュタイナー共同体代表）／大村祐子さん（ひびきの村ミカエル・カレッジ代表）／安部利恵さん（栄養士）他

5 見えていますか？　子どものストレス、親のストレス

少しでも楽しくストレスのない環境でゆったりと子育てする方法を特集。
＊子どもにストレスを与えないシュタイナー幼稚園の環境づくり
＊自分を受け入れることから始める子育て　など

【主な登場者】鳥山敏子さん（賢治の学校教師）／菅原里香さん（こすもす幼稚園教諭）／岩川直樹さん（埼玉大学教育学部助教授）他

6 子どもの心を本当に育てる、しつけと叱り方

子どもをうまく育てたいと思えば思うほど考え込んでしまう叱り方、しつけ方。心を育てる叱り方、しつけ方について考えました。
＊大人の真似から「しつけ」は始まる
＊わたしの叱り方　など

【主な登場者】堀内節子さん（にじの森幼稚園前園長）／森田ゆりさん（エンパワメントセンター主宰）／汐見稔幸さん（白梅学園大学教授）他

子どもたちの幸せな未来「第1期」全6冊　●B5サイズ・64ページ
●各号定価1400円（税込・送料サービス）●6冊セット割引あり。詳細はほんの木まで。

2003年～2004年刊

7 心と体を健やかに育てる食事

素材や栄養価にこだわりながら、食事が楽しくなる食卓づくりと食育の基本を学びます。

＊食卓から始まる健康子育て
＊知って得する野菜の豆知識　など

【主な登場者】東城百合子さん（自然療法研究家）／大住祐子さん（シュタイナー医療研究家）／大澤博さん（岩手大学名誉教授）／大澤真木子さん（東京女子医科大学教授）他

8 お話、絵本、読み聞かせ

絵や写真のないお話だけを聞くことで子どもの想像力は育ちます。お話には、子どもの心と想像力を育てる力があります。

＊お話が育てるこころと想像力
＊こどもの好きな絵本　など

【主な登場者】高橋弘子さん（那須みふじ幼稚園園長）／としくらえみさん（シュタイナー絵画教師）／赤木かん子さん（子どもの絵本の専門家）他

9 シュタイナー教育に学ぶ　子どものこころの育て方

温かい心を持った子ども、優しい心を持った子ども、目に見えない「こころ」の育て方を特集しました。

＊子どもの内面への信頼
＊子どもがほんとうに安心できる場所　など

【主な登場者】高久和子さん（春岡シュタイナー子ども園教師）／森章吾さん（シュタイナー小学生クラス教師）／山下直樹さん（治療教育家）他

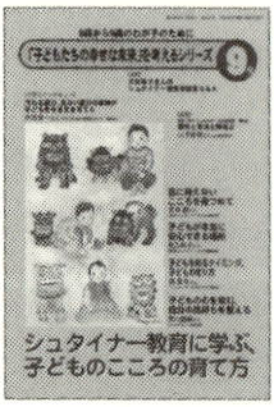

●お申込み　ほんの木　TEL.03-3291-3011 FAX.03-3291-3030
〒101-0054東京都千代田区神田錦町3-21　三錦ビル

子どもたちの幸せな未来シリーズ第2期

10 子育て　これだけは知りたい聞きたい

子どもを見るってどう見ればいいのでしょうか？　子どもの成長・発達、子どもの幸せをトータルに考えます。

＊子育てが下手でも恥ではない
＊母親の食事が子どもを育てる　など

【主な登場者】小西行郎さん（東京女子医科大学教授）／正高信男さん（京都大学霊長類研究所教授）／宗祥子さん（松が丘助産院助産師）／安保徹さん（新潟大学大学院医学部教授）他

11 子どもの感受性を育てるシュタイナーの芸術体験

子どもの好奇心をつぶさないでください。シュタイナー教育を中心に子どもの形成力を高める芸術を体験に基づいて学びます。

＊シュタイナー教育における芸術
＊色を体験することの大切さ　など

【主な登場者】大嶋まりさん（東京シュタイナーシューレ）／高久真弓さん（オイリュトミスト）／見尾三保子さん（「ミオ塾」代表）他

12 年齢別子育て・育児、なるほど知恵袋

子どもの成長を知って、余裕ある子育てをするための方法、子どもの年齢に応じた育児を特集しました。

＊余裕のある子育てを
＊シュタイナー教育による「子どもの年齢に応じた育児」など

【主な登場者】汐見稔幸さん（白梅学園大学教授）／真弓定夫さん（小児科医師）／山口創さん（聖徳大学講師）他

子どもたちの幸せな未来「第2期」全6冊　●B5サイズ・64ページ
●各号定価1400円（税込・送料サービス）●6冊セット割引あり。詳細はほんの木まで。

2004年～2005年刊

①共働きの子育て、父親の子育て

子どもと一緒にいる時間が少ない、十分に子どもの面倒が見られないと悩みや不安を抱える親御さんが少なくありません。共働きの家庭や父親の子育てへの参加について考えます。

【主な登場者】毛利子来さん（毛利医院医師）／佐々木正美さん（児童精神科医）／正高信男さん（京都大学霊長類研究所教授）／赤石千衣子さん（しんぐるまざあずふぉーらむ）他

②子どもの健康と食からの子育て

子どもたちの体が年々弱くなっています。また、子どもの行動や心にも、かつて見られなかった不可解な兆候が現れています。今日からできる健康な食育のポイントを提案します。

【主な登場者】幕内秀夫さん（栄養管理士）／神山潤さん（小児科医）／原田碩三さん（兵庫教育大学名誉教授）／山田真さん（小児科医）／藤村亜紀さん（陽だまりサロン主宰）他

③子どもの心と脳が危ない！

テレビやゲーム、パソコンなどが子どもに及ぼす影響について、小児科医や脳科学者、幼児教育者らが声をあげ始めました。テレビやゲームとの安心安全なつき合い方の特集です。

【主な登場者】佐々木正美さん（児童精神科医）／森昭雄さん（日本大学教授）／吉良創さん（南沢シュタイナー子ども園教師）／内海裕美さん（小児科医）／神山潤さん（小児科医）他

●お申込み　ほんの木　TEL.03-3291-3011 FAX.03-3291-3030
〒101-0054東京都千代田区神田錦町3-21　三錦ビル

子どもたちの幸せな未来シリーズ第3期

④子どもを伸ばす家庭のルール

十分な睡眠や友達と一緒の遊びや運動、家族と一緒に三度の食事をとること…こんな当たり前のことの積み重ねだけで、体力、気力、知力、学力が育つのです。

【主な登場者】陰山英男さん（立命館小学校副校長）／片岡直樹さん（川崎医科大学小児科教授）／廣瀬正義さん（食と教育研究家）／秦理絵子さん（オイリュトミスト）他

⑤早期教育と学力、才能を考える

おけいこごとを始める平均年齢は2・5歳。でも待って下さい。まわりから置いて行かれないようにと通わせているおけいこごとが、子どもをダメにしてしまうこともあります。

【主な登場者】汐見稔幸さん（白梅学園大学教授）／高田明和さん（浜松医科大学名誉教授）／吉良創さん（南沢シュタイナー子ども園教師）／グレゴリー・クラークさん（多摩大学名誉学長）他

⑥免疫力を高めて子どもの心と体を守る

アトピーやアレルギーなど子どもの病気は、正しい鼻呼吸、睡眠、冷え予防、食事などに関係しています。日々の生活習慣で大切なことを、健康の視点から特集しました。

【主な登場者】西原克成さん（西原人間研究所所長）／東城百合子さん（自然療法研究家）／岩附勝さん（トーユー矯正歯科院長）／清川輝基さん（子どもとメディア代表理事）他

子どもたちの幸せな未来「第3期」全6冊　●A5サイズ・128ページ
●各号定価1575円（税込・送料サービス）●6冊セット割引あり。詳細はほんの木まで。

2005年〜2006年

❶子どもが幸せになる6つの習慣〈ほんの木 編〉

食育、健康、年齢別成長、ストレス、免疫力、テレビと脳など18人の「子どもの専門家」が教えてくれたとっておきの子育て法。幼児期の生活習慣は将来を決めます。

★陰山英男さん、幕内秀夫さん、真弓定夫さん、毛利子来さん、森昭雄さん、東城百合子さんらにご登場いただきました。

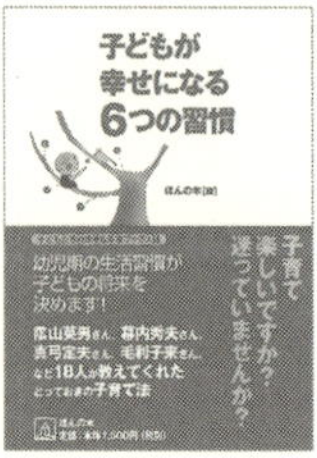

❷幸せな子育てを見つける本〈はせくらみゆき 著〉

自らの子育ての中で気づいた、さまざまなスローな子育てのヒントを43のエッセンスとしてまとめた1冊。食、身体、生活、しつけ、教育など実例豊かなヒント集。

☆スローな子育てのポイント／スローな子育ての「食」／スローな子育ての「身体」／スローな子育ての「生活・しつけ・教育」など。

❸心に届く「しつけと愛の伝え方」〈ほんの木 編〉

かけがえのない親子関係を作るための、しつけやほめ方、叱り方。今しかできない子育ての秘訣、年齢に合わせた大切なことなど、子どもの心を本当に育てるアドバイス。

★佐々木正美さん、汐見稔幸さん、正高信男さん、見尾三保子さん、内田良子さん、森田ゆりさんら、15人の方々にご登場いただきました。

■お申し込み

ほんの木　FAX.03-3291-3030 TEL.03-3291-3011
〒101-0054　東京都千代田区神田錦町3-21　三錦ビル

「子どもたちの幸せな未来」シリーズ　第4期

❹子どもが輝く幸せな子育て〈藤村亜紀 著〉

元・保育士として、親としての経験をもとに、お母さんの悩みに応えるユーモアたっぷりの子育て応援本。笑って、泣いて、心で感じて、子育てが楽しくなる一冊。

☆子育てをちょっと楽にするために／「自分大好き」な子どもたち／幼稚園の先生の経験から／しつけと心に届く話し方／わが家の教育（？）方針など。

❺親だからできる5つの家庭教育〈ほんの木 編〉

早期教育やメディア汚染、免疫力低下、食品汚染、性教育、生命の大切さなど“社会の危機から子どもを守る”家庭教育について、14人の専門家がお話しします。

★佐々木正美さん、安部司さん、毛利子来さん、汐見稔幸さん、北沢杏子さん、西原克成さんらにご登場いただきました。

❻子どもが変わる魔法のおはなし〈大村祐子 著〉

子どもにとってお母さんのおはなしには特別の力があります。叱る代わりに、小さなおはなしをしてあげませんか？　今日から家庭で始められる「おはなし子育て」のすすめ。

☆こどもにとって「お話」とは／こどもはどんなふうに成長するの？／生まれてから9歳くらいまで、年齢別にふさわしいオリジナルのお話34話など。

■「子どもたちの幸せな未来」シリーズ「第4期」全6冊
四六版・208～224ページ／各号定価1,575円（税込）
※6冊セット販売あります。詳細は「ほんの木」まで。

小学生の子育て・教育書シリーズ

「子どもたちに幸せな未来を！」

第1期、全4冊揃いました！

受験、競争、教育格差、いじめ…
何とかしたいお母さん、お父さんへ！

セットでお揃え下さい！

①どうして勉強するの？　お母さん

ほんの木編　1365円
（税込）送料無料

20人の「この人！」に聞きました

アーティスト、医師、先生、ＮＧＯ活動家…など、各分野で活躍する20名の方々に「私ならこう答える！」を聞きました。

心に浸みる20のメッセージには、子どもに伝えたい人生のヒントや知恵がぎっしり。

【お答え頂いた方々】

イルカさん、大村祐子さん、鎌田實さん、神田香織さん、きくちゆみさん、草郷孝好さん、熊谷博子さん、斎藤貴男さん、汐見稔幸さん、下村健一さん、はせくらみゆきさん、秦理絵子さん、日野雄策さん、藤村亜紀さん、古山明男さん、星川淳さん、南研子さん、宮本延春さん、柳田耕一さん、リヒテルズ直子さん

---

②気になる子どもとシュタイナーの治療教育

―個性と発達障がいを考える

山下直樹著　1680円
（税込）送料無料

困っているのは、その子自身です

LD、ADHD、アスペルガー症候群など、障がいを持つ子どもたちの理解の仕方、よりよい支援の仕方を、日本で唯一のシュタイナー治療教育家が具体例とともにわかりやすく綴った本。人気連載シリーズの単行本化。

【著者　山下直樹（やましたなおき）**】**

1971年名古屋生まれ。東京学芸大学障害児教育学科を卒業後、渡欧。スイスにてシュタイナーの治療教育を実践的に学び、帰国後、児童福祉の現場で働く。現在、西東京市にて子どもの発達相談室を主宰し、相談や学習支援を行う傍ら、幼稚園等でスクールカウンセラーとしても勤務している。

子どもたちの幸せな未来ブックス［第5期］

現役の小児科医や小児精神科医など子どもの専門家が登場、子育ての重要なポイントをお届けするシリーズ。子どもの体、心、考える力をバランスよく育む自然な子育てを目指すお母さん・お父さんへ。

0歳～7歳児のお母さん応援BOOK！

一冊定価 1,575円/6冊セット割引特価 8,000円（ともに税込・送料無料）

①少子化時代、子どもを伸ばす子育て 苦しめる子育て

人との係わりの苦手な子が増えています。一人っ子、兄弟・姉妹の少なさによる子どものあり方の変化、いじめや自殺などと「少子化」の関係を探り、陥りやすい落とし穴と、乗り越えるポイントを提案。

②犯罪といじめから子どもを守る 幼児期の生活習慣

「うちの子に限って」が危ない！　犯罪に遭いやすい子どもがいる！安全・危機管理の専門家たちが日常生活のちょっとしたヒントで、子どもを犯罪やいじめから守るためのノウハウを紹介します。

③妊娠から始める自然流育児

助産院出産や自宅出産、母乳育児など、より自然に近い、自分らしい出産や育児を選びたいお母さんのための基本になる一冊。出産と子ども、子育てと自分の喜びや生き方を考え直すためにも役立ちます。出産・育児の最中に自分を支えてくれた先輩ママさんからの一言もあり。

④もし、あなたが、その子だったら 軽度発達障がいと気になる子どもたち

普通に会話はできるが字か書けない、忘れ物が並外れて多い、とどまることなく動く……こうした子どもの原因は親のしつけではありません。理解と対応、共に生きるための基礎などをわかりやすく学びます。

⑤ほめる、叱る、言葉をかける 自己肯定感の育て方

普段何気なく使う言葉が、子どもたちを知らない間に傷つけているかもしれません。叱る時、ほめる時に使っていい言葉、気をつけた方がいい言葉など、親の言葉かけの特集です。

⑥お母さんの悩みをスッキリ解決 子育て・幼児教育50のQ&A

一人で子育てをしていることが多い現代のお母さんは、ささいなことが気になったり、ちょっとしたことで怒ったり……悩みは尽きません。そうした不安や悩みの対処、解決方法を、専門家や先輩ママ11人に答えていただきました。